學會自戀找回被愛的自己

放下「不允許依賴」的觀念，讓自己和他人都快樂的心理學

自信がなくても幸せになれる心理学

和田秀樹｜著

Momiuri｜譯

目次

第三章 寇哈特流派與人相處的祕訣
——重視「自己與他人的方法」

前言

世界上最和善的精神科醫生——寇哈特

本書的主角海因茨・寇哈特（Heinz Kohut，一九一三～一九八一年）是著名的精神分析師，他提倡的「自體心理學」，是新型態精神分析學。

他是位革命性的人物。過往的精神分析學界，幾乎都是以「像個大人吧！變堅強吧！」等觀點為主流，但寇哈特反而特別強調：「人類並非是如此偉大的，也不是如此堅強的」。

以往精神分析學界，對於「自戀」、「依賴」的特質，看法較為負面，寇哈特則完全推翻成如下的看法：「雖然沒有這兩項特質會比較受人喜愛，但是如果沒有這些特質，人們其實無法生存下去」。

所謂的「自戀」，是認為自己受人喜愛，想要對自己好，所有類似這種心理特質的總稱。如果這項特質太過強烈，就會被人說是「自我中心」。

而「依賴」，則是對人撒嬌，並且互相安慰的特質。

聽到這裡，或許會有人認為：「自戀跟依賴是好的特質？根本沒聽過這種說法！」的確，寇哈特的主張，並非是說「自我中心是好的」、「完全依賴別人存活吧」。

那麼，寇哈特到底想表達什麼呢？他的主張如下：

「所謂『精神上的獨立自主』，對任何人來說很難完美達成。大家都會認為自己是受人喜愛的，也不太會有人能夠不依賴他人獨自活著。」

「能夠坦率地認同自己的自戀，然後也認同別人的自戀。而且，能漸漸地學會適度依賴別人，並當作是一種成長。」

「變得更堅強吧！變得更獨立自主吧！」以及「比起自己，多想想別人吧！」對這些常常出現的口號，有些人幾乎沒有信心可以達成，也懷疑是否真的有人可以辦得到，或許寇哈特的理念會讓他們產生一些興趣吧。

我認為，以寇哈特的這門理論為基礎的生存方式，更適合身處於現代的各位，這才是實用的心理學。

「自我中心並不好」、「人類終究是孤獨的」、「人得更加成長，變得更堅強」……在這些口號充斥的現代，應該也有不少人對於這些詞句所製造出的壓力，覺得哪裡不對勁吧。

事實上，在心理諮商盛行的美國，現在仍有許多精神分析師，以寇哈特的思想來進行心理諮商。

在日本雖然以佛洛伊德或阿德勒較為有名，但以真正「符合內心」、「實用」的層面來看，我認為應該沒有其他人能比得上寇哈特了。

它是最貼近人性，坦然自己的脆弱，以及想被人認同的心理。

不否定這些特質，除了認同它之外，還會思考：「那為了可以好好生活下去，應該怎麼做呢？」我認為這樣的姿態，正是寇哈特理論有趣的地方。

看了自我啟發的書，你是否也曾經這樣想呢？

「我為了想要拋棄無法獨自解決的痛苦與悲傷，才看了這類的書；但是如果只有『無論如何，就是變堅強吧！』之類的結論，也太過分了吧！」而且就算在看書的當下心情很好，我想也只是類似興奮劑的玩意兒，奮發向上的意念並不能長久持續。對大多數人而言，時常處於意志堅強的狀態，並不是一件簡單的事情。

詳細內容之後我會再繼續說明，只要理解寇哈特的思想，就能放鬆緊繃的肩膀，讓心情輕鬆愉快，而且還能長久持續下去。

這是因為，寇哈特這種「良好的人際關係才會使人生更豐富」的理論完成度很高，是屬於「對自己、對他人都會變得和善」的心理學。

我們的人生，是構築於與自我的關係，以及自我與他人之間的關係而成。既然兩邊都可以同時達成，你不覺得有學習的價值嗎？

自信並非是必要的，沒有多餘的自信還比較好。

這是我稱呼寇哈特為「世界上最和善的精神分析師」的原因，而本書是其理論之下的改善人際關係的方法。

在這裡祝福各位，可以理解這位與眾不同的精神分析師，並能在往後的人生中，建構更良好的人際關係，度過比現在更加美好的每一天。

和田秀樹

第一章

推薦給愈沒自信的人，愈容易上手的「撒嬌」方式

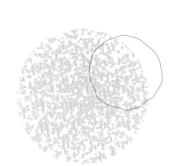

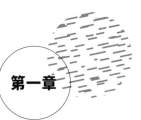

請重視自戀

寇哈特認為人類所有行動的出發點，都源自於「自戀」，並將人類定義成「為了滿足自戀而行動的動物」。

只要滿足了自戀，人們就能保持心靈健全；如果沒有滿足自戀，心靈的狀態就會崩解。這是因為人類為了滿足自戀而有所行動的同時，也非常害怕自戀被傷害。

事實上，只要看了這本書就可以了解，人們感到喜悅、安心時，換言之就是「自戀」獲得滿足的時候。

相反地，人們感到失落、憤怒時，就是「自戀」受到傷害的時候。

因為擁有不同的自戀特質的人們在一起生活，當然，為了互相尊重對方的自戀，我們需要特別注意一些事情。

由於這個「自戀理論」太有特色，直到現在大家在介紹寇哈特時，都稱呼他為提倡「自戀的心理學」的人。

但是，寇哈特理論中最精彩的、最有特色的，我覺得並非只是圍繞在自戀這個部分。

在寇哈特的心理學中，對於人們該如何在現代社會中生存，如此描述：「要是能更擅長依賴他人，就是可好好生存下去的祕訣」。

在這裡，我想先簡單介紹寇哈特的生平。

寇哈特終其一生的著作，其實只有三本。雖然還有幾本論文集，以及芝加哥精神分析協會的講義統整集，但真正出版可稱為著作者的，全部只有三本而已。而且第三本還是在寇哈特過世後，由一位叫做阿諾德．戈德堡（Arnold Goldberg）的人，將寇哈特一些尚未發表的原稿，重新編輯整理過出版，並非寇哈特本人親自撰寫而成。

雖然寇哈特僅有這三本著作，但重要的是，在第一本與第二本著作之間，其理論模式有了很大的翻轉。第一本著作，稱呼他的理論為「自戀的心理學」；然而在第二本著作，就改稱為「自體心理學」。

乍看之下，雖然只是由「自戀」變成「自體」，看起來好像沒有什麼太大的變化。但這才是非常重要的地方。

為了生存，人們需要依賴的對象

寇哈特一開始提倡的「自戀理論」，似乎有部分受到其他精神分析師的理論影響。不抱持否定態度，認為精神分析上治療的核心是仔細進行分析，這方面與佛洛伊德所提倡的理論也很類似。

但是，從將名稱改成「自體心理學」來看，可知道寇哈特的獨特理論已經確切地完成了。而且，關鍵字也從「自戀」變成了「自體」。

那麼，「自體」到底是什麼呢？

我們盡量試著簡單地說明吧！

自我＝每個人各自的心，所感受到的主觀世界＝自己本身

在本書中，可以單純地把自我想成是自己本身。

那麼，自體是什麼意思呢？我想提出另外一個問題。

你認為，你之所以成為你自己，有什麼是必須的呢？

對於這個問題，寇哈特有個獨特的回答。

寇哈特認為，自己要成為自己，必須要存在一個可以聽自己說話、認同自己的「對象」。

這麼說來，所謂的自己，只有讓別人看得到、讓別人認同，才會是個確實的存在體。

如果你在這個世界上只剩下自己孤單一人，也許會感到不安，覺得「自己是否真的存在？」不只如此，甚至可能會懷疑自己的存在。

而要成為自己，所需要的這個「對象」，寇哈特將它稱為「自體」。雖然使用了稍微有點難的詞彙，但換個方式來說，其實也沒有那麼難懂。人們如果不以各種方式依賴這些對象，就無法保有自我。因此，寇哈特最終提出了新的思維：「人類終其一生，都需要可以依賴的對象」。

努力讓自己擅長撒嬌吧！

寇哈特身為精神分析師，曾經治療過多位患者，最終得到的治療理論，重新定義成是「充實自我」。

也許會有人這麼想：「那這樣跟『長大吧』、『變堅強吧』，這些理論還不是一樣？」然而，雙方有著很大的差別。在寇哈特之前的精神分析理論，有著「就算治療者不在身邊，也要讓自己可以好好活著」這個層面的意義，因此自我充實是非常重要的。真要說的話，是以「自我的充實＝鍛鍊自己」的意義來實行。但是，寇哈特的理論並非如此。

寇哈特提到的「自我的充實」，並非由一人獨自完成。

·不僅要依賴專業的心理治療者，也要視身邊的人為自體（某種意義為治療者），讓自己更善於依賴。

·「咦？這個人感覺好像可以依賴呀！」不能單純靠著這種氛圍，就直接飛撲而去，而是要培養自己的「眼光」，讓自己選擇真正可依賴的人。

這就是寇哈特的「自我的充實」理論。也就是說，他提倡的是：「努力讓自己擅長撒嬌吧」、「為了找出可以依賴的人，就努力培養自己的眼光吧」。

現代社會，隨著臉書（facebook）等社群媒體普及，人與人之間的聯繫，逐漸與過去呈現不同的性質。

只要有智慧型手機，就能輕鬆與人取得聯繫。相對地，「什麼才是真正的朋友呢？」「真正可以信賴的人是誰呢？」感受到這種莫名孤獨感的人增加，也是事實。

如果問你，「有沒有可以依賴的人呢？」腦海裡會浮現出是誰嗎？

在家裡、在職場上、在其他地方……。能夠浮現出對象的人，真的很幸福。

現在，不善於依賴他人的人，正在增加中。一提到要依賴他人，就害怕會不會因此被討厭、被嫌麻煩，或是也會有人認為「依賴他人很丟臉」。而世上也有很多助長這些思維的論調。因此，逐漸變成了「不允許依賴的社會」。

但是，身為精神分析師的寇哈特，其治療的最終目標，並非是「加強獨自生存下去的能力」。他反而主張「如果沒有找到可以依賴的人，人們就難以堅強過活，所以要學會依賴他人」。

就算是對自己沒什麼自信的人，「這樣的話，我說不定也做得到」，你是否開始有這種想法了呢？

擁有「可依賴對象」的人比較堅強

「只要三天，你就能改變！」「這樣你也可以變得很輕鬆！」……在書店看見這類自我啟發書籍的封面，幾乎都在說著「看了這本書，你也可以跨越人生的困難！」等等，羅列著這類看來極有魅力的說詞。

但當你拿在手上開始看，才發現裡面寫到後來，「人類終究是一個人。總而言之，你也要努力活著！」多半變成這些精神論。

不過，真的是如此嗎？一個人堅強地活著，是人類的理想姿態，但我們必須要這麼堅強才行嗎？

二〇一六年獲得諾貝爾生理學・醫學獎、東京工業大學的榮譽教授大隅良典，在領獎時的訪談中做了以下回覆：「我是因為有妻子支持，才能得到這個獎。」

「都是託家人的福」、「因為有這個人，才有辦法完成」等等發言，常會在各種頒獎場合聽到。感覺聽起來像是場面話，但能說出這些詞彙的人們，的確是「非常堅強」的。

能夠拿到諾貝爾獎的研究，需要每天有耐心地面對乏味實驗的反覆操作、嘗試，以及錯誤的連續循環。因為我們只看到結果，以為領獎人是一口氣大獲成功而登上名人堂，成為厲害的人物，但實際上，連續失敗才是研究的本質。一次就成功這種事情，基本上是不可能的。

研究者所必備的，是我們幾乎無法想像的忍耐力以及努力。

然而，研究者是普通人，當然也會有感到沮喪的時候。那時，就關係到是否有人願意支持沮喪的自己。

對研究者來說，這跟實驗的累積是同樣重要的事情。

「如果有她的支持，我或許就能持續這份工作啊……」

「跟著這個主管的話，應該可以成功！」

「因為存在著這位既是對手，也是同伴的傢伙。所以，我才能前進。」

以上這些想法和度過困難的方式，就是「寇哈特流派」的生存方式。

因此，剛才所述大隅榮譽教授的例子，並非只是場面話，在某種意義上可說是「寇哈特流派」的發言。而且這些可解釋為褒義上的「依賴」。

當然，心理上的依賴，也有各種型態與程度。

例如，沒有看穿想欺騙自己的人而依賴了對方，就會有不好的遭遇；如果過度依賴對方超越了必要的程度，自己也可能會變成跟蹤狂。這些例子，就難以歸類為寇哈特流派的依賴了。

也就是說，依賴有分為「好的依賴」與「不好的依賴」。寇哈特流派的依賴，當然是指「好的依賴」。「好的依賴」到底是什麼，該怎麼做，我繼續為各位說明。

孤獨總統朴槿惠的悲劇

最近（編注：這裡指二〇一六年）韓國前總統朴槿惠被各界懷疑，對其舊識的女性在金錢以及其他方面給予截然不同的特殊待遇，且懷疑連政治方面也聽從她的指示，受到遙控的傳聞為開端，最終連總統的職位也被革除，甚至被逮捕。在世界各地相關報導喧囂不已（編注：此指崔順實事件）。

話說回來，對怎麼看都是為了中飽私囊而操控自己的女性舊識，朴槿惠為什麼會如此地依賴她呢？

或許理由是，朴槿惠在過去的辛苦時期，這位女性舊識曾經支持了自己吧。但我想終究有個原因是，朴槿惠基本上不相信人，無法「擅長依賴」他人吧。

朴槿惠本身生長的環境較為特殊，應該對她產生很大的影響，但或許她並不知道怎麼找到，對自己來說真正「可以依賴的人」，建立「良好的依賴關係」。所以，在我看來是她「扭曲地依賴了錯誤的對象」，才會導致嚴重的後果。

寇哈特認為，如果無法達成「健全的依賴」，人們就會不小心依賴了想欺騙自己的壞人，更糟糕的狀況甚至還會依賴藥物。

就算是地位崇高的人、有錢的富翁，如果無法相信別人，不擅長依賴他人的話，獲得幸福的機率就會偏低。

被孤單折磨，最後被壞人控制以及沉溺於藥物的案例，大家應該都有聽過吧。但是，被孤單折磨而感到恐慌，應該跟地位還有錢財無關吧。無關富有或是貧困，我們任何人都有可能陷於這種狀況。我們必須要學會不要讓自己陷於窘境的方法，以及萬一事情演變至此的處理方法，剩下的大家應該都知道了吧。

因此，寇哈特提倡「人類終究無法一個人生存下去」、「找到可依賴的人，好好依賴對方吧」，其思想絕不會單純來自不成熟的撒嬌，而是非常合於情理的。

不擅長找別人商量的人

雖說如此，還是有不擅長找人商量的人。

如果你感覺「自己不擅長對別人撒嬌」，那有幾件事情需要請你想想看。

如果有人對你說：「我只剩下你可以依賴了」、「我只對你說自己感到害羞的

事」，這樣會不會讓你覺得不開心呢？

大部分的人應該會認為「原來自己可以被別人依賴」，多少會覺得開心吧？人類或多或少都是依賴、以及被依賴的生物。而且依賴別人，就算是滿足對方的自戀，也不會傷害他人。

「依賴對方，不會造成他的困擾嗎？」等等，其實沒必要去想這些。對於你的商量，大部分的人會覺得「我被別人依賴了，好高興喔」。

你不知道該怎麼相處的主管、鄰居，如果不顧一切去找他們商量，他們可能會超乎你預想的親切，也可能看到他們令人意外的一面，這些都是常有的事情。工作相關的人或是媽媽朋友（編注：擁有與自己孩子年齡相仿的友人，通常以鄰居或孩子同學的媽媽居多）當中，如果某些人讓你有「那個人心腸真不好啊……」、「為什麼要讓我這麼難受呢」的感覺，試著一鼓作氣試著向他們商量事情，也是個好方法。

那是因為當有人找他們商量時，對方會覺得「自己被人需要」，而感到開心。只要感到開心，人們就會變得親切。

先不管對方對你不懷好意的原因（有可能只是你想太多），但只要你向他們商量事情，對方也會感覺到「自己被信任」。人們對於信任自己的對象，基本上是不會採取攻擊態度的。

商量這個行為，對於建立人際關係、信賴關係，是很重要的元素。

和平常看起來總是很精明的人商量一些事情，或者是和比自己年齡或地位還高的人商量事情，不是會讓對方產生好感嗎？比起什麼都不跟下屬商量的主管，會尋求下屬意見的主管，我想應該比較能夠信任吧。

相反地，如果是「不擅長商量」的人，或許會給周遭的人稍微有些生硬以及難以靠近的印象。

愈「不想造成別人困擾」的人，愈容易造成困擾？

你的周遭是否有這種「我不喜歡造成別人困擾」，或是「不想給團隊造成困擾，所以我很努力」，總之對於「造成困擾」這件事情極度厭惡的人呢？

這種類型的人，可能很害怕欠他人人情，也或許不想對他人「造成困擾」，大概想成為獨立自主的人吧。

然而，這樣的想法不免有些可惜。

如同人們常說的，「人無論再怎麼努力，還是必須要造成周遭的困擾才能活下去的生物」。

如果真要說的話還說不完呢！你呼氣吐出的二氧化碳，就是引起地球暖化的原因；你為了每天要吃的晚餐，必須要殺很多動物。雖然這樣說有點過分，不過以上這些事情都可能發生。那些覺得你很厭煩的人，可能光看到你的臉就覺得討厭，甚至你的存在都會讓他們心情很差。

不會對誰造成困擾就能生存下去的人，完全不存在。

但是，也不是要你抱持著像是「那我這種人，是不是不要存在比較好」、或是「我根本沒有活著的價值吧」等等這樣消沉的想法。

我想表達的是「每個人都一樣會造成困擾。所以，是不是不要對『造成困擾』這件事情太過在意呢？」

沒錯，會造成困擾這件事情，無論是誰都是一樣的。

「對於自己可能造成的困擾，是不是就試著做點好事來補償」，如果這樣想的話如何呢？

就算是日行一善也沒關係。最不可取的是，只因為覺得「會造成困擾」，所以把自己關在殼裡不出來。關起來的話，或許會稍微減少給別人帶來的困擾，也不會發生任何一件好事。只有負面的效果而已。

另外，為了不造成困擾，而打算把自己關起來的人，是否會喜歡自己呢？老是過度地想著「會造成困擾」這件事情的人，恐怕對自己沒有自信，也不擅長愛自己。反而覺得「我只有這樣做才能報答他人」的人，對於依賴他人完全不會覺得痛苦。

而且，無法愛自己的人，也無法愛他人。

所以寇哈特之所以不會否定「自戀」，這也是原因之一。

重點是，「自戀」並非是不好的，「自私」才是不好的。

那些因為不想造成困擾，而把自己關進殼裡的人，我倒不認同他們的想法，有時候甚至可以說他們是「自私」的人。

無論是誰，都會覺得自己受人喜愛。但就算如此，會說「只覺得自己受人喜愛，很奇怪欸」的人，甚至偶爾會對別人提出很高的要求。那是因為他並沒有意識到，「對方也覺得自己受人喜愛」的事實。其實那樣才真的是個大問題。

我過去曾經撰寫過一本書叫《好人其實是「恐怖的人」》（暫譯，日本新講社出版）。書裡也有寫到，所謂的好人也會有要求別人當「好人」的傾向。這是因為，他們只會用自己的標準去衡量事物。

被認為是「好人」的人，偶爾會不小心逼迫別人。會認為「自己是好人」的人，也會在不知不覺中逼迫對方。這樣說來其實是很恐怖的吧！

所以，首先要坦然接受「自己其實是受人喜愛的」之外，對於別人，也要能夠想到「無論是誰，都會認為自己是受人喜愛的」，這樣才是理想狀態。這是為了之後會提到寇哈特心理學中最重要的關鍵字——「同感」，所做的第一步。

成為被依賴的一方不是損失

除了有不擅長商量的人以外，也可能會有「怎麼覺得我好像總是在聽別人商量事情呢……」這類可靠的人存在。實際上，經常和別人商量的人，他的周遭就很容易聚集人們來商量事情。

而且成為被依賴的一方，是免費給對方佔用了時間，似乎偶爾還是會覺得自己有些損失吧。

但是，我希望各位記住的是，讓別人來商量會讓對方覺得喜悅、而且滿足的事情，你並不會有所損失。

當他人來找你商量事情，代表自己是被他人信賴的人。這時候如果可以好好傾聽、誠懇地對待對方，往後自己有困擾時，就不會煩惱沒有可商量的對象。就算只有這樣，也是令人感激的事情了。

另外，常被人找去商量事情的人，應該也會察覺到這種狀況吧？「這個人在職場上感覺很強勢，沒想到私底下還是會為了這種小事情而煩惱呀！」這樣一來，他也能學會想像別人「看不到的一面」，就算只有這樣，便能夠更和善地待人。

另一方面，無法依賴他人的人，在脆弱的時候，很容易陷入「反正我就是怎樣又怎樣」的思維中。這種情緒是非常辛苦的，明明沒有那麼嚴重，卻讓自己受苦。

而且從長遠看來雖然老是讓別人來商量事情，但獲得的還是比較多。

透過依賴、被依賴，自己愈來愈容易生存下去。正因為如此，寇哈特才會說，「構築健全的依賴關係，才能證明你是個成熟的人」。

然而，你是否會覺得，接受別人的拜託時，先考量得失不太好呢？

寇哈特認為，最需要重視的還是人們的主觀，所以也肯定這個想法：「做了才會有所得，請加油吧！」

也就是說，就算先考量得失再行動，寇哈特並不會責備這樣的行為。

不是特別為了誰，只要沒有滿足自己本身，也會無法對他人親切和善。因此你為了可以獲得滿足，偶爾會考量得失而行動，這樣才是寇哈特流派的思維。雖然這應該有關程度上的差異，不過腦筋一轉馬上就開始考量得失的人，也不是那麼負面。

所謂「悲劇的人」

另外，也有把自己跟別人相比，而過度覺得自己很卑微的人。「那個人是個美女，而且家裡環境又好，好羨慕」、「那個傢伙因為受到好上司的關愛，才有辦法在工作上有成果，而我的上司完全相反，所以沒救了」之類，在這些混亂的客觀性上過度比較而被耍得團團轉的人們。

寇哈特認為，那些人把自己想得很卑微，有他們的原因。也就是說，他們因為有什麼東西「不足夠」，導致「沒自信」的結果，所以我們常看見以下例子：看起來總是有點性格扭曲的人，在交了很棒的男朋友之後，整個人就不同了。

有句話叫作「衣食豐足後而知禮節」，就算不是衣與食，只要找到一些事物可以填補那個人的「不足夠」，寇哈特認為這就是對把自己看得很卑微的人，最棒的解決辦法。

在這個例子裡，女生透過男朋友滿足了「不足夠的部分」，對人抱著偏見的理由就不存在了。

但是，好像也會有這種意見：「找到那位很棒的男朋友，才是最大的關鍵吧！」的確，以一般論而言，無法做到這個部分的人還是很多。

在寇哈特的詞彙中，有「悲劇的人」這種說法。

說到交不交得到男朋友這件事，由於各方面都被滿足的人，不需要對別人抱持偏見，內心穩定，一般認為她的個性很好，很容易受到異性歡迎。

相對地，有部分沒有被滿足的人，人際關係上總是容易抱持偏見，就更加不受歡迎，於是產生惡性循環。

寇哈特對於這類產生惡性循環的人，稱為「悲劇的人」。

然而，寇哈特認為「悲劇的人」其特質並非與生俱來，而是可以靠著治療者或他人的愛，逐漸改變的。

假如你周遭有這樣的人，請盡可能地聽他們抱怨，也可以找些事去稱讚他們。在你能力所及的範圍內，就算一點點也好，給予他們安全感，認同他們，讓他們一點一滴地改變。

長久下來，當人感受到被認同、被稱讚，他們內心「不足夠的部分」就會漸漸地被填補。填補完整後，內心會產生多出來的空間。接著，他的個性也會漸漸穩定。那樣的話，其他人也會想要跟這個人聊聊，相對來說，也提高交到男女朋友的可能性。

寇哈特認為，像這種經由他人介入的方法，可以讓人改變。

他表示，沒有「運氣」的人們、也就是「悲劇的人」，其治療方式就是「過去沒有被滿足的感情，透過與治療者之間的互動，再次去滿足它」，進而去拯救他們。而且那種治療，就算不是醫師也可以辦得到。

到底，那是怎樣的治療呢？

坦然地收下他人的稱讚吧！

先假設你認為自己本身「有自卑的地方」、「對自己的缺點或不完美，感覺很討厭」，抱持著這種負面的想法。

然而，就算你看來是那樣糟糕的自己，但從別人的角度來看，或許也會有「好的一面」。不可能有任何一個人是完全負面的。

能夠坦然稱讚你「好的一面」的人，才能成為你的治療者。

寇哈特因為是醫師身分，所以擔任了這個角色，但其實治療者並不一定要是醫師。生活上也許不太會有老是稱讚你的人存在，但從以前到現在一定會有曾經讚賞過你、認同過你的人。心中浮現這樣的人選了嗎？

不過就算如此，對於有自卑傾向的人來說，可能會變成「的確有被稱讚過啊，不過那應該只是場面話吧？」

過去曾被譽為日本精神分析學界的第一把交椅、已故的土居健郎醫生，在其著作《「撒嬌」的構造》中，將那樣的人定義為「無法撒嬌的人」。人家特地稱讚你，卻把它扭曲成「只是場面話吧」，或是認為對方「反正你還是比較優秀吧」之類，總在某部分鬧彆扭的人，那就是「無法撒嬌的人」。

對於這樣的人，寇哈特直截了當地說了以下這句話。

請坦然地接受別人的稱讚吧。

這也是在說：「坦然地對人撒嬌吧！」

一開始可能會很困難，但只能靠經驗累積了。被稱讚就坦然地接受，不要再封印住愉悅的心情了。這樣一來，「沒自信」這種無可奈何的情緒，就會自然而然的淡化。

只要抓住訣竅，往後甚至還會覺得「從以前到現在我到底是怎麼活下來的」，心中一定會感到無比輕鬆。沒必要曲解別人的意思，或是感到自卑。信賴別人，信賴自己，總之就是「坦然地試著撒嬌」。

首先，就從「坦然地接受」他人的讚美開始吧！

尋找「可依賴的人」

會懊悔「如果更擅長撒嬌的話就好了」、或者是不知不覺就自卑，這些打從內心深處完全沒有自信的症狀……無論是誰，多少都會想要改變消沉的自己。

當然，咬緊牙根嘗試「改變自己」，偶爾還是必要的吧。「我沒什麼耐心，也不太會有什麼改變吧」、「誰曉得到底什麼時候才能改變？還不如維持現狀」，說著這些話，老是擔憂無法改變自己，這樣就只能停留在「我想要改變」這個狀態上過一輩子。

但是，請試著思考看看。

把人生想成大概有八十年，假設現在四十歲的你要尋求改變，需要花五年的時

間，那麼煥然一新的你，還剩下三十五年的歲月。如果你現在三十歲的話，就還有四十五年；而二十歲的話，剩下的日子又更多了。

這樣的話，就算要花個五年，跟一輩子就這樣過下去相比，起心動念讓自己「更容易生存下去」，不覺得會更好嗎？

關於這件事，寇哈特說了有趣的話。

比起這種「以自己的力量去加油、去努力，來改變自己」的奮鬥方式，他建議「為了要改變你自己，還是去找一個可依賴的人會比較好吧？」

要讓全世界的人都喜歡你，是件很困難的事情吧。

但是，要全世界的人都不了解你、也不喜歡你，這種狀況是不可能的。

只要不放棄地持續尋找各種人，一定會出現「你的狀況，我很能了解」的人物。所謂「能夠了解你」，是可依賴的人的首要條件。因此，首先去尋找「能夠了解你的人」吧！

當然，自己都不行動的話，那樣的人也不會憑空出現的，這部分還是得靠你自己的努力。這是很重要的一點。

在這個年代，「做出行動」的難度也降低了不少吧。不必特地與很多人碰面去尋找，只要在自家透過網路就可以達成。生於現代的我們，真的是很幸福。

就算是在網路上也好，只要遇見了與自己有類似氛圍或是可依賴的人，我們的心境就能常保輕鬆。而這些邂逅，應該也可以成為改變我們的契機。與可依賴、以及「能夠了解」你的人溝通，能夠引導出我們良好的部分，而且還會把「反正我怎樣都做不到」這個負面情緒隱藏起來。

跟自己一個人奮發向上做自我改造相比，尋找可依賴的對象，你有感受到哪個是比較適合你，而且比較有魅力的做法了嗎？

何謂「能夠理解自己的人」？

為了要開始尋找「能夠理解自己的人」，或是自己想要成為誰「能夠理解的對象」，在這裡我會解釋何謂「能夠了解自己的人」。

我們先換個話題，假設你是木村拓哉。

女性的話，就假設是北川景子如何？

在現實世界中，被旁人奉承的你，應該會感覺到「反正也是因為我長得好看，才會奉承我吧」，或是「因為我是名人，才會對我這麼親切吧」。

但是這些事情再怎麼煩惱，也很難對別人啟齒。可能因此還會被說，「唉呀，真是奢侈的煩惱」，反而得不到認同。

然而，有一天你偶然地在匿名網路留言板上，寫下自己的心聲，煩惱很多人靠近只是因為外表或是身分，結果出現了很多對於你的發言深有同感，並且同情你的人。

那些人並不曉得你是木村拓哉、北川景子的這個事實，所以對於你的心聲坦然地產生認同感。

「原來還有其他人煩惱跟自己一樣的事情啊！」

這時候，就算你不曉得對方的長相，是否或多或少會有信賴感呢？

我們再舉另外一個比較可能發生的例子。

身為中年男子的你，喜歡上了跟自己女兒差不多年齡的女子偶像。在現實生活中，不太能講給別人聽，對於喜歡上年輕偶像的自己，稍微有些煩惱。

就在此時，你在網路上發現了一個「喜歡偶像的中高年人，大家集合吧！」之類的網站，馬上就留言了。

「不小心喜歡上比女兒還年輕的偶像……這樣好像很糟糕吧？」

接著，收到了這樣的回覆。

「我能理解喔！我在家裡被老婆、女兒冷淡，那樣清純又年輕的偶像，看起來很像天使吧？我也是一樣的啊。」

「什麼嘛，原來不是只有我這樣啊？」

就算跟自己有同感的人只有一個人，人的心情也會產生很大的轉變。就算是在網路上，沒有見過對方，只要有一個能回應自己心聲的人出現，那是很幸福的。而且，這樣的人也不一定得是同學、鄰居等。

重點在於，是否有人可以認同這樣毫無修飾的自己。

一開始「只有一個人理解」就夠了

關於這點，網路還是最有效的。現實世界中絕對不會擦身而過的人們，聚集在像是「被欺負的孩子們集合吧！」這類的網站，就會因為看到「原來還有其他人比我還慘啊」而感到安慰。或是擁有對人難以啟齒，稍微有些不太正常的興趣的人們，因為在網路上不需要在意別人的眼光，而可以互相交流。

擁有別人不太能理解的興趣、意見，成為所謂的「異端人士」相遇的工具，我想應該沒有比網路還更有效的東西了吧。

有個在推特（twitter）或是臉書（facebook）上常常會看到的現象：有一些貼文單純只是尋求大量的「讚」，雖然看起來完全沒有意義，然而……

「如果是這個人的話，應該可以理解自己一些不太正常的興趣。」

「如果是這個人的話，可以理解我這種一般人無法理解的狀況吧。」

與過去只有狹隘的鄉村社會相比，現代擁有這些工具，且能遇見以心聲交流的對象，我想真的是非常幸福。尋找能夠產生同感、可信賴的對象，一開始雖然是素未謀面的人，也是無所謂的。

將這個「唯一的一人」當成突破點，就可以逐漸增加能產生同感並且信賴的對象。

寇哈特本身也是如此實行的，「我自己身為醫師，如果可以成為理解患者的人，與患者透過療程，達到『讓別人理解自己』、『依賴』的行為。這樣一來，除了我這位醫生以外，他也可以學會尋找類似的人。」

一開始，只要有一個人就夠了。如果什麼都不做的話，就什麼都找不到；所以希望你可以試試看，去尋找可以與你互相理解的人。

不嘗試的話，什麼都不曉得

對於沒有自信的人，寇哈特還有另一個希望他們知道的訊息。

那就是「不要拘泥於客觀性」。

這在日常生活中，可以說是富含隱喻的訊息。

「我不是特別漂亮，所以一定不會受歡迎」、「我不是有錢人，所以跟有錢的那傢伙比起來比較不幸」等等，我們偶爾會抱持著這些悲觀的想法吧。

但是，在重視主觀，認為「自己感受到的才是全部」的寇哈特面前，這些都是沒有意義的判斷，被這些判斷綁住的同時，可能變得比現在更難得到幸福。

對於許多世人熱衷的事物，例如經濟理論或是政治政策等，實在不可能「客觀地」了解「這是對的，還是錯的」。所謂的「紙上談兵」，正是表達這種狀態的詞語。

不過，雖然再怎麼客觀地去看，也無法了解其「正確性」或「好壞」，但倒是有一個可以讓答案清楚浮現的方法，那就是去實行它。

試著實行的話，一定會有「結果」出來。因此我們可以說：「無法客觀地判斷安倍經濟學是正確的還是錯誤的，那是因為結果沒有出來呀！」

——這就是任何事情沒有嘗試去做就不知道結果。

常常會有政治家及官員的發言提到「這是史無前例的」，但是看到有人無法以「正因為史無前例，或許這樣才是正確的做法」來思考，就覺得非常可惜。

當然有前例可循，或多或少都可以預測到結果。比較容易計算，也比較安全。但如果能擁有這樣的想法：「就是因為史無前例才有趣，才有試試看的價值」，那就算是在已確定的範圍內，可以抱持如此心態的人，還是比較容易抓住成功的機會。

自己的事情、他人的事情，其他的事物樣貌，凡事都想著「那樣不可能」、「一定是錯誤的」，自己就會把可能性縮小。

在面對人事物時，應該要先拋棄掉「一定是那樣」，而試著抱持「先不管實際上會如何，總之先試試」的思維。當然對於自己也是，「反正不可能做得到」、「反正我這種人」等這類先入為主的判斷，真的是一點意義都沒有。相信自己的主觀不是很好嗎……以上就是寇哈特要告訴我們的訊息。

給一步也踏不出去的人的建議

任何事情如果不試試看的話就不曉得結果……。想要試著與他人有更深入的交流時、或是想要嘗試其他新事物時，如果能產生這樣的想法，我覺得這本書的出版就有價值了。

然而屆時，應該會有很多人想到：「但是，可能會失敗啊。」的確，與誰建立人際關係的時候、或是挑戰什麼的時候，失敗的風險隨時存在，可以理解想到風險就會緊張的心情。

那麼，為什麼失敗時會覺得討厭呢？就算是失敗，其實只要再次挑戰就好了。如同考大學時的第一志願，重複去挑戰也是可以的。如果對某個人付出感情被甩了，再去挑戰找到別的好對象也是可以的。

然而多數的人會非常恐懼失敗。多半是因為產生「失敗了會很難看」、「覺得很丟臉」的心情。

各位想必心裡有數，我獻上一個讓各位有些驚訝的建議吧。

直白地說，「你的事情，大家並沒有那麼在意」。

會感覺到「人們在看著自己的事情」，說來也是一種自戀。要是總是想著自己「如果說了、做了奇怪的事情，該怎麼辦啊？」或是「要是失敗了真的很丟臉！」這樣的念頭，幾乎是沒有意義的。

舉例來說，不管是音樂製作人秋元康，還是熱門製作人暨演出家Terry伊藤（伊藤輝夫），你舉得出他們的「失敗作」嗎？

除了精通該領域的人以外，其他人應該都無法回答吧？可以說得出他們的代表作，但無法想起失敗的作品，我想這就是普通人的感覺。

有件謝天謝地的事情，很意外地，人們並不會那麼仔細地看別人「糟糕」的地方。這真是令人高興的事實。

很不好意思地來說說我自己的事情，其實我從以前到現在也撰寫了六百本以上的著作。雖然大部分都名不見經傳，不過偶爾有突然大賣的書，就會變成「啊，您就是以那本書出名的和田醫生嘛！」

「醫生都出了六百本的書，結果裡面超過五百五十本都賣不好啊！」會跟我說這麼犀利內容的人，根本不存在。

就算是出了五百五十本賣不好的書也沒關係，你只是稍微有點失敗，其實根本沒有什麼。

雖然「先想好失敗」不是壞事情，但要是太專注去想，導致腦海都是不好的想像，結果一步也踏不出去的話，就太可惜了。

拿不出勇氣時，說著：「沒有人要關注我的事情啦！」試著踏出一步也不錯。

重點整理

看了本書的各位，我想應該可以了解，對於沒自信的人，寇哈特這位精神分析師所提倡的思維很適合他們。

來學寇哈特的理念吧！

- 人們皆有自戀的傾向，互相認同對方的自戀是很重要的。
- 比起想獨自堅強活著的人，會向他人撒嬌的人比較堅強。
- 自己非常討厭的部分，並非與生俱來的特質，是可以改變的。

・只要找到一個可以敞開心胸的人，之後自然會增加可以敞開心胸的對象（但是，需要努力去尋找）。

・「反正一定是……」這種先入為主的判斷，會讓可能性縮小。

首先，拋棄認為「脆弱的自己、沒自信的自己很糟糕」這樣的想法吧。那些都是你的一部分，是適合任何人的。幾乎所有的人，都會在一天之中反覆著有自信以及消沉這兩種情緒。

之後我們也會提到，不必要的自信，還不如不要擁有比較好。

擁有過度自信的人，不擅長與別人產生同感，在遭遇較大的挫折時，也會有容易意志消沉的傾向。

「自己或他人，所有人都必須要擁有『對象』。因此，只要擅長依賴他人，就能開心地生存下去」，請把這句話刻在心頭吧。

接著，如同自己依賴他人，當他人前來依賴自己時，請在心中謹記著，要親切地對待對方。沒有自信的人，因為也能了解同為沒自信者的心情，應該是很善於讓別人來商量事情的。

能了解這些理念的話，那麼，你已做好準備踏出「沒自信也能幸福」的第一步了。

第二章

就算沒有被討厭的勇氣也沒關係

——「互相依賴」是理想的關係

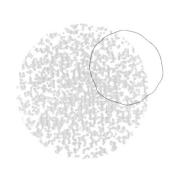

堅強的心理學家——佛洛伊德

西格蒙德．佛洛伊德、卡爾．古斯塔夫．榮格，以及近年引起一陣小熱潮的阿爾弗雷德．阿德勒。

就日本為人所知的心理學家來說，在寇哈特之前，腦海中會先浮現出「心理學界三巨頭」的人可能不少。本章節首先，會比較與三巨頭的不同之處，希望可以讓各位更深入了解寇哈特。

這三位雖然各自都出了不少著作，在這裡我們就一口氣簡單帶過，把焦點放在與寇哈特的比較上來做介紹。

為何在日本，寇哈特的知名度比較低呢？首先是在日本，幾乎沒有一位精神分析師及心理學家，曾經在美國留學，學習當地最新精神分析學。再加上，還有一個背景是，不太會有人願意花錢在身心治療上。而精神科醫師只要花五分鐘左右聽病患敘述就能開藥，這樣也能擁有較好的收入；心理學家也只要談些理論性的事情、成為大學教授，收入都能比磨練心理諮商技巧要來得好太多。

因此，類似在美國流行的，對於患者較和善、效果較好的這種流行療法，在日本還不太普及（雖然也是因為我能力不足的關係）。雖然這些理由導致寇哈特的知名度較低，但是跟佛洛伊德或是阿德勒來做比較，我想各位就可以理解到：寇哈特的理論有多新，且屬於較接近人們內心的想法，還有為何在美國，以寇哈特理論來接受治療者較多的原因。

佛洛伊德被稱為精神分析學的創始者，在研究上完成幾個重大的變遷，最終認為人類的內心，可以分為「自我」、「超我」、「本我」三大部分。

接著，佛洛伊德認為「鍛鍊自我才是人類的成長」。

關於「自我」，佛洛伊德的女兒，同為精神分析學家的安娜·佛洛伊德，之後經過詳細的研究，將其發展為「自我心理學」這門理論。

接著，這門理論被許多人接受，在一九五〇年代的美國精神分析界，幾乎都是以「自我心理學」為基礎來進行。

以前的佛洛伊德，雖然是採取「因為人類過去會在無意識中被支配，所以必須解決這問題」的論調；但相對此論調重新發表的「鍛鍊自我」，則是非常容易讓人理解、接受的訊息。

然而，他提倡的內容雖然容易讓人理解，但實際上的「鍛鍊方式」，卻留下一些模糊的部分。我想，這是因為對於「自我」的定義本來就不是很清楚的關係。佛洛伊德的「自我」，雖然無法直接置換成「理性」，意思是難以敘述的，但在這裡我們就直接簡單的超譯：「佛洛伊德認為，透過鍛鍊而得出接近理性的自我，精神可更堅強並且穩定。」

這種佛洛伊德流派的傳統療法，大概需要花上三至五年做患者的精神分析。而且大家認為療程一結束，當下患者的自我應該被鍛鍊了不少，還能成為不依賴他人也可以存活下去的狀態。

佛洛伊德本身，雖然在晚年得到癌症，度過了辛苦的抗病生活，但還是透過自

己理性的力量、精神，努力跨越了一切。

雖然他自己曾經想出用古柯鹼麻醉的點子，但實際上他自己就算再怎麼為癌症病痛所苦，也不曾使用過麻醉藥，我想這則晚年的逸事，能清楚表現出他的信念吧。終其一生都相信理性力量的佛洛伊德，是位擁有如此堅強想法的人。

另外，就算被病魔侵襲，相對於選擇孤立道路的佛洛伊德，認為「年紀愈來愈大，人會變得愈來愈有依賴心也是理所當然」的寇哈特，縱使生涯短暫僅享年六十八歲，在過世前三日依然在進行演講，並且在弟子環繞下走完人生的晚年。

認為「人只要擁有目的，就會改變」的阿德勒

和深入探討佛洛伊德潛意識論的榮格相反，阿德勒則是遠離了重視潛意識的佛洛伊德。阿德勒認為原本就無法將人類的內心分為潛意識和普通意識，「自己的意念會被潛意識扭轉的事情，不過就是個藉口罷了」。

佛洛依德認為小孩子因為「要上學很不安」，在這種潛意識下的心情，導致產生想像不到的腹痛；相對地，就算本來有腹痛，但最後沒有去學校的話，阿德勒認為，那就是「因本人意念而引起的狀況」。

意思是，所謂人類的行動力，並非是由「原因」而起，而是「目的」。因此，以阿德勒的思維來想，小孩子並非因為「過去的心靈創傷」或「潛意識的不安症狀」，導致他拒絕上學，而是因為像是「不會成為學校裡大家的笑柄」、「不會在學校裡發生不好的事情」等的目的，自己選擇了拒絕上學的手段。

也就是說，阿德勒對於佛洛伊德所謂的心靈創傷理論，是完全否定的。

阿德勒的思維，因為是「目的論」，應該可統整為「因為每個人總是擁有明確的目的；以及對於該目的，彈性地改變解決方式，所以人類能夠改變成各種樣貌」。

在這裡我們舉個例子，假設有一個不良少年。

治療者對於他的事情做深入探討，發現到他過去「並沒有獲得父母的愛」，就能看出他出差錯的理由。這是屬於佛洛伊德流派的想法。

相對地，阿德勒則是認為不良少年本身由於無法努力獲得認同，而抱持著自卑感，所以他擁有「由於無法努力獲得認同，那乾脆就做壞事取得認同吧！」的目的。

因此，我們可以認為，只要被罵「你居然幹了這種壞事！」引起周遭騷動，不良少年就能滿足他的目的，所以才會更想做壞事。

那麼，阿德勒對於不良少年該如何處置，有怎樣的想法呢？

從《小拳王》中，學習阿德勒與寇哈特的相異處

大家知道《小拳王》這部漫畫嗎？

這是一位遊蕩在貧民窟的不良少年，遇見了拳擊，最後晉級到與最強的拳擊冠軍比賽的成長故事。

阿德勒的想法，就像這部漫畫的主角史吹丈，並非是以「不良少年就會備受矚目」的目的，應該是改以「成為拳擊冠軍而備受矚目」為目的才對。

也就是說，將視為不好的目的，再替換為其他更好的目的。如果目的改變的

話，行動也會改變，當然就不會出現不良少年老是在幹壞事了。

如果是寇哈特的話，對於這種狀況應該會認為「那位不良少年得到的愛不夠多，所以周遭要抱著關愛去接近他」。

提到《小拳王》，大家應該知道有一位身為宣傳，在背後以各種形式支持著阿丈，並且默默地對他抱持好感的大財團千金，名為白木葉子的女主角。

當然，不是只有白木葉子，其他像是拳擊的師父丹下段平，還有老街區許多的居民也支持著他、替他加油，阿丈才有辦法以「老街區之光」，步上這條拳擊手之路。這就是寇哈特流派的解釋。

如果把因為「原因」而有所動作者歸類於佛洛伊德，那因為「結果」而有所動作者就歸類於阿德勒，所以「要教史吹丈這位不良少年拳擊」就是阿德勒流派的解決方式，假如阿丈開始步上拳擊手這條正確的道路，就算是過去沒有獲得父母親的愛，而在育幼院長大，或是曾經是不良少年都無所謂了。然而，寇哈特並不認為這樣就好。他會從頭到尾支撐阿丈孤獨的內心，給予愛，也就是會從內心去治療阿丈。

佛洛伊德的話，至少會認為像寇哈特一樣給予愛這件事情，對本人並不好，這點阿德勒也是持相同看法。因此我們可以說，阿德勒自始至終是屬於「自己的問題，就要自己解決」這種立場的心理學家。

是否應該稱讚小孩子？

例如，阿德勒曾說過「不要稱讚小孩子」。他認為，如果稱讚他們的話，想要得到父母親更多寵愛的小孩子，就會「想順從父母親的意思」，這樣是不行的。

相對地，寇哈特則主張「去稱讚小孩子吧」。這是因為對著才剛開始蹣跚學步的小孩子，誇獎他「好厲害，好厲害！」為了取悅父母親，小孩子就會更努力學好走路。

也就是說，阿德勒所否定的事情，寇哈特則會認為那是可行的好事。

寇哈特基本上是肯定取悅對方的行為。

寇哈特跟阿德勒之所以被歸為類似的類型，其中有一個理由是他們都重視「同感」，但理由卻各不相同。「同感」是以對方的視角來看，以對方的耳朵來聽，站在對方的立場，去想像對方的內心。

阿德勒認為，透過產生「同感」，可以了解對方「為的是什麼目的」。也就是說，為了知道對方的目的，而產生「同感」。因為如果知道對方的目的，就能達成這件事：「如果目的很明顯，就能讓他離開不良少年的生活，轉而使他學習拳擊」。

相對地，寇哈特的理念，則是為了了解對方的「心理需求」，而產生「同感」。他認為，只要滿足了對方現在最需要的「需求」，人們在精神上就會穩定，也可以更深入相互之間的人際關係。

因此，阿德勒認為稱讚對方的話，對方就會配合自己，這是不好的事情；但與其相異的寇哈特則認為，透過稱讚對方，假如有滿足到對方「想被稱讚」的心理需

求，那稱讚對方、取悅對方，反而是件好事。

在這裡，我們讓沒有得住、沒有得吃的「無家可歸的小孩」（譯注：日劇名，主角為安達祐實）登場吧。

對於這位無家可歸的小孩，阿德勒跟寇哈特各自會怎麼處理呢？

阿德勒會先透過與無家可歸的小孩產生同感，知道對方的目的：「這個孩子似乎很想要錢呢！」因此他會提出「那我來告訴她可以賺錢的方法吧」等一些可以解決的方法，而給予對方為了賺取需要的金錢，這個新的「目的」。寇哈特同樣也是會透過與對方產生同感，了解到對方的心理需求：「同情我的話就給我錢吧」（編注：日文原文為「同情するなら金をくれ！」是該劇的名台詞），而可能會告訴對方：「很抱歉雖然只有這麼一點，但是這些妳可以拿去用」，把錢交給對方，並且親自聽對方述說不安的心情吧。

透過滿足對方真正的心理需求，就能使他精神安定，而且可以讓彼此的人際關係更加良好，寇哈特認為這才是真正的治療。

或許兩邊的做法，都可以讓這位「無家可歸的小孩」再次站起來吧。

這是因為，大家認為她很堅強，在那種逆境中也可以努力向上。但是，世界上有一些受到嚴重的心靈創傷，被周遭無視而喪失自信的人。這些人，就算像阿德勒這樣給予別的「目的」，可能也會覺得「反正我一定沒辦法」就放棄了。此時，或許一起陪著他跑，或滿足他的心理需求，比較能讓他打起精神努力。

也就是，內心健康程度較高者，無論哪種方式都可以再次站起來，但是對於內心較為脆弱者，我覺得寇哈特流派的依賴是必要的。

成熟人類的樣貌——阿德勒篇

寇哈特認為「人類，最終還是依賴性的生物」，但與其持相反意見的阿德勒則認為「人們為了生存下去，必須要擁有自己是共同體中一員的意識」。

阿德勒非常重視「共同體意識」，所謂的「共同體意識」，到底是什麼呢？

他認為，不能總是只追求自己的慾望，而是要成為利他者，「成為一位能提供利益給他人的人」。

例如，自己賺了錢，就應該要用這筆金錢，創造出某些可以利益大家的東西，或是捐獻出來貢獻給共同體；認為只為了自己個人的幸福，就偏離了人類原本的目的。

另外，意識到自己就算是屬於共同體，認為自己是正確的，而願意清楚地表達意見是很重要的。「像是領社會救濟這種，輕輕鬆鬆就能拿到錢的人，不會覺得很奸詐嗎？」大家在熱衷這件事情時，你就可以清楚表達自己的意見，例如「因為憂鬱症無法工作而領社會救濟的人，該怎麼辦？」「我們都是有在付稅金的，所以也都有權利領社會救濟啊。」

所謂的共同體意識，絕對不是配合大家，而是擁有做為自己是可向共同體貢獻的一員的意識。如果能清楚擁有這樣的意識，阿德勒認為，就不會有「自己好就好」的這種思維。

因此，假設自己擁有不同的意見，他會覺得「我要是這麼說，是不是就會被排擠了？」就代表這個人身上，並未擁有確實穩固的共同體意識。

也就是說，「我就是我」這種自我認同，以及認為「自己是共同體一員」這種歸屬意識，兩者合起來就可以稱為共同體意識。

阿德勒認為「想要擁有共同體意識」，是人類在成長中非常重要的部分。

像動物一樣，只想到自己的利益，其實是很奇怪的。

應該說，就算說了自己想說的事情，也不會被排擠。

他認為，人類只要思想夠成熟，就會確實擁有「自己是共同體一員」的意識。

成熟人類的樣貌——寇哈特篇

另一方面，寇哈特當初以「自戀理論」，提出了跟阿德勒完全不同的理論。也就是說，他認為人無論經歷了什麼，最終目的是認為自己最受人喜愛，自己是最重要的生物。

然而，就算是「自戀」，也有各種程度差異，有扭曲的自戀，以及成熟的自戀。只要自己好，而輕視對方的態度，把人當成笨蛋，都是源自於扭曲的自戀。

例如，「妳有外遇對吧？」像這樣找藉口為難而毆打妻子的丈夫，就只是任性地「希望對方只愛自己」、「揍了她，就只是因為自己想要獲得暢快」等等，完全無法給妻子任何東西。這種狀況只是扭曲的自戀。

之前我們有提到，寇哈特在某個時期為界線，從「自戀的心理學」轉變為「自體心理學」，將自身的理論做了轉型。在「自體心理學」中，雖說是主觀的世界，也是「充實自我」的論調，如前述，這也絕非是說「要好好鍛鍊自己，振作點啊」。

寇哈特所謂的「自我充實」，是指為了能讓別人支持自己，「提高在心理上更擅長依賴他人的能力」、「提高更擅長與他人往來的能力」。

寇哈特認為，脫離他人的存在，自我也不會成立。

例如，你眼前有藍色的球。你當然會認為「這是藍色的」，然而直到隔壁的人說「有藍色的球耶」，你才會有「啊，真的是藍色」的真實感覺。換句話說，你可以做個確認動作。

如果換成提倡「共同體意識」的阿德勒，會認為你應該要有這種思維：「就算當周遭都說『這是紅色的』，只有你認為是『藍色的』，也不會改變你自己依然是這個共同體一員的想法。」因此阿德勒的理論，在他人存在的必要性上，跟寇哈特認為的可說是有著極大的不同，是屬於「貫徹自己意念」的類型吧。

寇哈特認為「有人會認為是藍色、有人會認為是紅色，有差異是正常的。當中至少要有一個人肯說：『我也認為這其實是藍色的喔。』如果完全沒有這樣的對象存在，人內心的狀態就無法安定下來」。

寇哈特認為「提高在心理上更擅長依賴他人的能力」、「提高更擅長與他人往來的能力」，才是精神分析中治療的最終目標。因此，關鍵字是產生「同感」。

產生了同感，滿足了對方的心理需求，就能逐漸加深人際關係。

隨著人際關係逐漸深厚，無論是對方還是自己，他認為就能學到「相信人、依賴人」，其人格上會逐漸成熟。

阿德勒與寇哈特對人類的觀點

阿德勒真要說是哪一種類型，應該是屬於「不需要配合對方」、「無論別人怎麼看你，一定要走自己的生存之道」、「想想符合自己目的的解決方式吧」等等，以「自我」為優先型的主張；相對地，寇哈特則是「人類無法獨自一個人生活」、「配合對方也是非常好的事情」等，與「他人」相關連的思維。

也就是說，寇哈特對於人際關係中的「平等交換」（譯注：原文為give and take，之後皆譯為「平等交換」）**非常重視**。

阿德勒與寇哈特，基本上對於人類擁有完全不同的觀點。

跟焦點放在潛意識上的佛洛伊德相異，兩人在「尊重可意識的程度」這部分是相同的。佛洛伊德的「自我論」因為是在潛意識下動作，會讓精神上振作的理論，與阿德勒及寇哈特的論點完全不同。

然而，阿德勒與寇哈特在產生「同感」上的手法，其目的看起來相似卻有不同。如同先前所述，阿德勒是為了「了解對方的目的」而產生同感，為了要達成其目的而提供解決方法，也就是「給予勇氣」；寇哈特則是「為了了解對方的心理需求」而產生同感，如果對方感到不安也會陪伴對方，對方需要被稱讚時也會稱讚對方。

真要說明的話，阿德勒屬於相信人的本質上是「堅強」的，而寇哈特則是肯定人的「脆弱」，屬於想要保護對方的。

話說回來，佛洛伊德在想的，應該是人雖然可以努力鍛鍊自我，根本上還是脆弱的存在。然而經過鍛鍊，不需要依賴他人就能變成堅強。

在多數的心理學家當中，阿德勒的理論可說是屬於非常硬派的類型。除了相信人原本就擁有的力量外，還提倡了「孤單也沒有不好呀」、「無論你擁有多麼悲慘的過去，心境都可以努力改變喔」等理論。

之前有一本參考了阿德勒這些理論的書——《被討厭的勇氣》（岸見一郎、古賀史健著），出版後造成話題，還紅到改編成了連續劇。

像這樣追尋各自的理論，的確佛洛伊德、阿德勒，這些人的理論想來都是合乎情理的。阿德勒的理論在現在也非常受歡迎。然而，正因為如此，如同寇哈特所說人的主觀各有不同，有人覺得阿德勒的理論「非常好」，那也一定會有人覺得「好像哪裡有點怪」。

對於那些人，我想讓他們知道寇哈特的理論。

我覺得現在是個不認同脆弱的時代，而且是對弱者很嚴苛的時代。因此，寇哈特這種認同人的脆弱，並且想要保護他人的思維，就是這個時代所必須的。

何謂理想的依賴？

你覺得如何呢？與其他的心理學家比較，可以感受到寇哈特真的是很特別的心理學家了嗎？

做完了多位的比較，接下來再深入探討寇哈特的理論。寇哈特曾經說過，「更擅長地去依賴對方」這句話吧？

寇哈特認為理想的狀況，是「互相依賴」的關係。

如同文字所述，「我們依賴對方時，相對的也讓對方依賴」，還有「對方在依賴我們時，我們就要好好地對待對方」等等，指的是像這樣互相給予良好依賴的人際關係。

當然「互相依賴」也存在著各種形式吧。因為這是心理上的平等交換，所以無法交換到完全相同的東西。並非是我跟你借了一百萬日圓，而我也會還你一百萬日圓這種型態。

例如「丈夫在經濟層面支持妻子，但是丈夫在心理層面卻是依賴妻子的」，或是「很會念書的A君，教了不太會念書的B君；A君好像要被誰欺負時，B君也會馬上飛奔而來幫助他」等等，直截了當地說，就像是這種平等交換的關係。

世間常說的「媽媽給予無償的愛」，其實也是心理上的平等交換。

談論親情的佳話已不勝枚舉，乍看之下，似乎都是母親單方面默默地給予愛，但是在三百六十五天全年無休，辛苦養育子女的情況下，小嬰兒願意開心一笑，母親手做的點心取悅了他等等，也是有不少令人欣慰的瞬間。

這時，母親也是能夠從小孩身上，確實獲得了愛與喜悅。正因為有小孩子的笑容、以及開心的樣子，母親才能在辛苦的養育生活中盡力地努力下去，絕對不是單方面的關係。

以此為證，如果有小孩子很難帶、難以取悅，或者很難親近自己的狀況，就算是母親本人，也是會有不知不覺就火大的場面出現。因為媽媽也是普通的人類，這是理所當然的。

就算是母親與小孩子之間，「如果我給予了愛，就會開心地笑給我看」，也得像這樣互相心理上需求都被滿足了，關係才會成立。如果已經非常努力地哄著小孩子，他卻依然哇哇大哭、大叫，無論是怎樣的母親當然也會火大。因此，假如不小心被惹惱了，沒必要覺得「我還真是沒用的母親」而自責不已。

在臨床看護的狀況，也可以套用同樣的說法。如果看護非常努力地照顧老爺爺，而他脫口一句話：「對你真是不好意思啊。」有了這句話，看護應該會如獲甘霖，更有力氣做下去了。

但是，也有失智症開始發作，會破口大罵「不用你多事！」等，像這樣的老人家存在。當中甚至有很多像是出現被害妄想症，「你是不是偷了什麼東西！」叫看護小偷的人。

如果是這樣的話，畢竟看護也是人，雖然腦袋中了解：「啊～他失智症開始發作了，所以事情都會搞不清楚了吧。這也是沒辦法的狀況啊。」但是內心還是會不禁覺得：「我明明都這麼努力照顧你了，居然還叫我小偷，真的很過分！」然而這也是無可厚非的事情。

養育子女或是看護等，我想都是為了有想要美化為佳話的傾向，才會有因為自己不禁煩躁起來，而覺得內疚的人存在。

但是從寇哈特的理論來看，因為那樣就已經脫離了理想的依賴關係，所以感到煩躁也無可厚非，在某種意義上也是理所當然的。

另外，身為母親、身為看護，雖然有必須完成的責任，就算不能總是保持好心情進行，但也沒有必要去責備自己。至少能想起身為精神分析師寇哈特或者我曾經說過的「生氣或者難過，是理所當然的」，希望藉此能讓你感到稍微輕鬆一些。

何謂人們心中所追尋的「三種對象」？

那麼，如果要實現寇哈特認為的理想的依賴關係，也就是平等交換的關係，到底需要些什麼呢？那就是，剛才所提到的「同感」。平等交換（give and take）中的「給（give）」，也就是在「給予」的行為中，真正了解到「對方到底需要什麼？」才是最重要的課題。

寇哈特認為，人的基本心理需求只有三個。

反過來說，只要滿足這三項：「鏡子對象」（鏡映）需求、「理想化對象」（理想化）需求，以及「攣生對象」（攣生）需求，對方就會覺得自己是被重視的（編注：以上三種需求的正式心理學名詞分別為「誇大的自體」、「理想化雙親影像」和「攣生—另我的需求」）。

無論是誰，都會想追尋可以滿足這些需求的對象。無論是多麼成功的人，或是被認為是有多奇怪的傢伙，幾乎沒有人不會追尋這些需求。

首先我們先來解釋，這三種類型的概要吧。

①「鏡映對象」

只有這個人願意認同我，只有這個人願意注意我。好像對方就在眼前一樣，可以認同自己，可以確認自己，就像一面鏡子……這樣的對象，屬於「鏡映」。

但是，這並不只是單純的表面話。找到對方希望被稱讚、希望被認同的點，進而去滿足他的心理需求，才是所謂的「鏡映」。

因此，並非像是對漂亮的人說「你好漂亮」，這種誰都可能會說的表面話，而是「只有我有好好看著你喔」、「你並非只有外表，個性也很好喔」，傳達出這種訊息是非常重要的。為了找出可以稱讚對方的地方，請好好觀察吧。

②「理想化對象」

像是感到不安時，會覺得這個對象「如果有這個人在，我應該可以度過」、「如果有這個人在，一切一定沒問題的！」那他就是「理想化對象」。最常舉例的像是父親之類的角色。

但這種可以依賴的存在，理想化的對象，無論你如何自傲地說：「我跟這麼厲害的人一起工作喔」、「他是從這麼厲害的大學畢業的喔」，並不會因此成為對方的「理想化對象」。

撇開這種對於你感到自傲的談話內容，很直接就覺得「好厲害呀」的對象，很少會有這麼純真的人吧？因此，如果你想要成為對方的「理想化對象」，就必須要讓對方覺得「很想要依賴你」。例如，對部下很親切而且有耐心地教他工作上的事情，或是借錢給想拍電影卻沒有資金的人等等，有很多這樣的例子吧。總之，成為一個「從對方看來」是可以依賴的人是必須的。

如果不是這樣，就算你是有錢人，自傲自己很有錢，對方也會認為你是個「悲劇的人」，而不會成為理想化的對象。

另外，在這裡我們先來看第九二頁「資優生與劣等生互相依賴的關係」的內容。對於資優生來說，會稱讚自己個性的劣等生，屬於認同自己的「鏡子」；相對於劣等生來說，資優生會讓他覺得「沒有人像他這麼可以讓人依賴」，屬於「理想化」的存在。

也就是說，對於兩人之間的人際關係，一方成為鏡子、一方成為理想化的案例，是極有可能發生的事情。

「如果跟這個人在一起，感覺好像連自己都變得堅強了」，能給予你這種感覺的人，就是理想化對象。

偶爾會看到「我知道那個政治人物的電話喔」，或是「我有當藝人的朋友喔」之類，擅自把對方當作是理想化對象的人，這樣跟擁有名牌、坐高級名車的行為，幾乎是一樣的感覺（雖然硬要說這是一種理想化對象，也不是不行）。但是從旁邊看來，會讓人稍微感覺他是個「搞不清楚狀況的人」。

以寇哈特流派與人相處的方式看來，因為總是想著「對方實際上在想些什麼呢」，所以如果對方明明完全沒有興趣，卻還是持續自傲地說著：「我有名人的朋友呢」，就會被說成是個「搞不清楚狀況的人」。

那麼如果是「伙伴出人頭地」，這種狀況的話如何呢？假如家鄉的人成為了總理大臣，大家會很高興；或是奧運中日本人拿到了金牌等等，就會有這種好像是連自己都贏了的心情。

大家應該多少會有這種經驗吧？把對方看作是「理想化對象」，將同鄉的總理大臣或是日本人選手與自己重疊，就會感覺好像是自己獲取了成功一樣。這種是屬於自然的感覺，不會被認為是「搞不清楚狀況」。

③「孿生自我對象」

「孿生自我對象」，則是指與自己相似的對方。可說是感覺對方是與自己很接近的存在，所以是會讓人有安心感的人。

例如，我對學生自白：「我在年輕的時候也是這種個性，所以私底下也會為了這種事情而煩惱呢！」結果學生說：「咦？老師以前也是這樣嗎？」而認同我。這就是孿生自我對象。

對方覺得是跟自己很相似的存在，稍微感受到一些類似一體感的事物，就能夠擁有安心感。

以上，做了分類可能會覺得有些麻煩，但人際關係中「只有這個人願意好好地看著我（鏡映）」、「跟那個人在一起，我覺得連自己都變強了（理想化）」、「那個人跟我有點像（孿生）」，只要有這些人在，就會直覺地擁有好感，而且內心也會變堅強吧。

這就是寇哈特流派，可以讓人生豐富，在人際關係中的「三個角色」。

先試著成為對方的「鏡子」吧！

為了讓寇哈特心理學在實際生活中有所作用，當中最有用處的第一個，就是「追尋鏡映對象的心理」。我們再詳細地說明吧。

假設你在跳槽後的職場中，都沒有人要理你，度過寂寞的每一天。某一天，在別的部門工作，剛好有位跟你年齡相近的人說道：「要不要一起吃午餐啊？」跑過來跟你搭話。跟對方聊天的過程中，他似乎對於剛跳槽過來的你，感覺「應該是個很合拍的人」。

雖然在自己的部門，你還是孤單一人，但是只有他會稱讚你辛勤工作的樣子；只要稍微有點身體微恙，馬上就會察覺；總是對你的各種狀況非常關心，而且非常認同你。

邊想著：「如果沒有這傢伙在，我應該馬上就會辭職了吧！」你今天也是跟他一起吃了午餐。

寇哈特的理論中，對你來說，這樣的對象就可以稱做是「鏡映對象」。他的存在就是只有這個人願意認同自己，因為有這個人的存在，你可以確認到自己的存在。

像是這個例子，在新環境中，還沒辦法熟悉的狀況中，每天一個人過日子的話，無論是誰都會想追尋一個可以成為「鏡子」的對象。

因此，如果你覺得「我想被這個人喜歡！」那你只要成為那個人的「鏡子」就行了。雖然不是叫你說一些場面話，但是讓對方感受到，想要「被你認同」就行了。首先是先承認對方。

在這裡，我們必須有一個地方要注意。那就是，對方到底在追尋什麼，不能看錯了他的需求。

例如對身高很高的人，老是說：「哇，你好高喔！」這樣很難引起對方注意吧？這就跟對著明顯就是個有錢的人說：「你好有錢喔！」是一樣的效果。那是因為，他們已經習慣聽到這些話了。

這部分，與寇哈特同為精神分析師的心理學家，提倡著「個人心理學」的阿爾弗雷德．阿德勒其理論的「同感」，是相近的思維。

關於阿德勒跟寇哈特在「同感」上的差異，是在於目的的不同，這部分我們已經論述過，然而在任何場合中，都要試著站在對方的立場這件事情，比什麼都還重要。雖然可能會覺得這是很單純的事情，但是這件事情比想像的還更深奧，是需要練習的。

在這裡我們來看看，寇哈特所謂的產生「同感」，具體來說會是怎樣的東西。如果精通了寇哈特流派的產生「同感」，你就會被人們喜歡，同時你自己本身，也會過得比現在輕鬆。

試著去稱讚對方

所謂的產生「同感」，就是指站在對方的立場，試著去考量事情、試著去想像對方的狀況。

為什麼產生同感這件事情，非常重要呢？這是因為透過產生同感，你會開始看到一些原本沒看到的事物。以你周遭的人為參考，站在對方的立場，「這個人如果被說了什麼會很開心呢？」重新去試著想想這問題吧。

一位漂亮的女性，老是被稱讚「妳好漂亮喔」，如果你想稱讚她，你會怎麼說

呢？也說「妳是個美女」嗎？

或者是，對那種平常就因為資產或是豪宅備受矚目的有錢人說：「你家好棒喔！我好羨慕你！」你覺得他會開心得起來嗎？

打個比方，你如果對看起來很漂亮的人說：「妳是個很漂亮的人，但是其實也是個貼心的人呢」，這樣如何呢？

你如果對有錢人說：「你明明是個很有錢的人，但不會擺架子，很好聊呢」，這樣如何呢？

如果你處於對方的立場，對於這種說法應該會很開心的吧。

換句話說，對方是想著「其實我比較希望別人可以注意到我這些地方啊」，所以能夠抓到這些需求是非常重要的。也就是找出對方「想被認同的點」去認同他。

偶爾會看到一些乍看之下不怎麼樣的男性，會跟看起來令人驚豔的美麗女性結婚吧。他們或許就是這種可以看清楚對方需求的人。

外表愈是漂亮的人，對於「這個人，會稱讚我外觀以外的點」的對象難以招架。像這種「人們不禁就想稱讚的點」，以及「本人其實比較想被稱讚的點」，兩者之間有差距的部分其實非常多。要說無論是誰都會有這種反差，也不為過。對方的需求到底在哪，請試著以身邊的人為對象來想像看看吧。

擅長稱讚的人，不是擅長說表面話這麼簡單。擅長稱讚的人，他們都抓得到對方想被稱讚的點。

另一方面，無法發現那些需求的人，就有可能被討厭。例如，明明太太換了個髮型，但完全沒發現的老公。而且比起沒發現，甚至還會說：「之前的髮型不是比較好嗎？」這種多餘的話的人更令人討厭。

在想著怎麼說對方才會高興之前，都沒注意到說了什麼會被討厭，就脫口而出。但是，「對方到底想被稱讚的點在哪，我完全不知道啊！」也有人是這種狀況的吧？

這些人，首先就試著從仔細觀察對方開始吧。仔細觀察的話，會發現到很多事情「他最近做了外觀大改造，看起來對打扮非常在意呀」、「我以為他是少話的人，其實只是很謹慎發言的人呀」等等。

如果看到了這些點，那就試著說出口吧。如果對方感到開心，你就通過了擅長產生同感的第一關了。

資優生與劣等生之間互相依賴的關係

關於互相依賴的關係，我常常舉這個例子來討論。

班上有個很會念書的資優生，以及一個老是跟這位資優生借筆記的劣等生。周遭的學生們，對於那位劣等生都會散布一些傳聞，像是「那傢伙是因為有資優生在，才有辦法升級的吧」、或是「老是都在依賴別人，真是糟糕的傢伙啊」等等。

有一次，那位劣等生在大家面前，對著資優生說了這些話。

「你很認真寫的筆記，願意無私地借給我，我還真沒看過像你個性這麼好的傢伙啊！」

對於那位老是被高度評價為資優生的學生，如果說了「你成績真好欸」、「你真是個資優生欸」，他並不會有多感動。因為這是他自己也清楚的事情。

但是，這個劣等生在大家的面前，居然是這樣稱讚了自己的「個性」啊！

那種所謂「書呆子」，常常不知不覺會被周遭的學生敬而遠之，所以對於劣等生所說的話，他真的是感到無比高興。

也因為劣等生的這句話，這位資優生的「自戀」被滿足了，他們兩個人之間構築了「互相依賴」，這種很棒的關係。

我們可以理解到，這是在人際關係上的「互相依賴」；可以學到，這是前述以「鏡映」去回應對方的心理需求，是一個非常好的例子。

為了想被人喜歡而勉強擠出的表面話，如果沒有合對方的胃口，那就完全沒有意義了。我再重複一次，稱讚對方想被稱讚的點是很重要的。因此，站在對方的立場去想事情，仔細觀察對方的這些動作，正是在構築人際關係之上，非常重要的部分。

至於「就算努力過了，還是無法好好抓住對方的需求」，或是「原本就不擅長稱讚」的人，也是可以像剛才例子所述的劣等生一樣，就算自己本身沒有意識到，其實有回應到對方需求等等，這種例子確實是存在的。

就算是你覺得「實在是難以面對」的對象，或許他是看著你的成長，讓他感覺到「自己也是可以對人有所幫助」，而滿足了自戀。

在不經意之間，你或許也滿足了誰的自戀。

既然理解寇哈特之後，把沒緣由地就會冒出「我算什麼東西……」的思維，徹底斬斷。我希望你可以先把這個習慣，試著丟掉吧。

「同情我的話，就給我錢吧！」這句話是真的

原來如此，產生同感就是那麼一回事啊……各位的腦海，是否稍微浮現出一些

印象了呢？

接下來，在「稱讚對方不會開心的點，也沒有意義」之後，我們再討論另外一個需要注意的地方。

「同情」與產生「同感」，是完全不同的東西。

同情如各位所知，對於對方是抱持著「好可憐啊」、「好悲慘啊」之類的感情，同情跟產生「同感」比起來，可說是非常簡單的行為。

這到底是怎麼回事呢？我來為各位說明吧。

例如，如果一講到日本熊本縣的震災，覺得受災者「好可憐」的舉動，對很多人來說應該並不是件困難的事情。因為對很多人來說，內心本來自然而然就會浮現出「好可憐」這種心情。

雖然不是很想這麼說，但對人類來說同情立場較弱小的人，並非是一件難事。

然而，如果要產生「同感」的話，難度就會一口氣上升不少。

例如，同期進公司的同事當中，有一個人比起其他人很快被經理提拔；或是同學中只有那一個人，完全麻雀變鳳凰等等，各位周遭都有這樣的人吧？或是像是班上，只有那個人考上很厲害的大學等等，這些例子都可以舉得出來。

看到那種人，能大喊「太棒了！」跟他們一起高興一起狂歡的人，其實幾乎不存在。

雖然這或許對誰而言，都是很難聽得進去的事實，但是大家心裡有數吧？

如果說情況換成了同期進公司的同事或是同學中，「只有那個傢伙沒上」，大家應該會很容易就說出：「好可憐啊」、「別這麼失落啊」。然而就算這麼安慰對方，也無法讓對方有多大的共鳴。那是因為，正在安慰對方的你，被經理提拔了、考上大學了呀！

另一方面，只有自己被提拔、考上了，如果有人可以從內心真正開心地覺得「好棒啊！」的話……

那樣的人，對你而言確實是一個可以信賴的人物吧。

因為，那個人可以跟你一起「產生同感」的關係。

人類是在有無意識之間，莫名會追尋同感的生物。

過去曾在連續劇中，有一句「同情我的話，就給我錢吧！」的台詞，造成大流行。對於那句台詞會說「表達得太露骨了吧！」、「居然讓小孩子說那種話，好殘忍！」之類的人，在我眼裡看來，不得不說就是同感力不足。

這是因為，受到以同情的方式對待時，只是會讓自己更悲慘而已。

困擾沒有家、沒東西吃的人，其需求就是金錢。無論再怎麼被同情，「好可憐喔！」、「之後一定會有好事發生的」之類，根本無法讓他買到麵包吃。

也就是說，試著對「無家可歸的小孩」產生同感，站在「無家可歸的小孩」的立場，就比較容易想像得到「果然現在這孩子需要的，絕對就是金錢啊」。

「安慰」是高難度的技巧

包含這句「同情我的話，就給我錢吧！」人們在看到對方時，應該不禁會對可憐的人伸出援手，或是不自覺說出自己覺得「不錯的話」。這些應該都不只是傳聞，而是無論是誰都有可能經歷過的狀況吧。

其實安慰對方的時候，有個非常需要注意的地方。這是因為安慰這個動作，進行安慰的一方，可能會不小心流於情緒，結果往往就會給予對方完全不期望獲得的事物。

例如你失戀很消沉的時候，朋友對你說：「唉呀，女人就像星星一樣多，以後絕對可以遇到更好的女人啦！」

但是，如果那位朋友正好有個漂亮的女朋友、或者已經結婚了，你會怎麼想呢？

是否會這樣想呢？「因為你自己有女朋友，所以才能輕鬆說出這種話吧！」

如果安慰的一方產生同感的能力夠高，就會先想像得到：「如果現在是自己交往的女朋友跑掉了，心情會如何呢？」接著，他如果把那個狀況「當作是自己的事情」，仔細地去想像的話，就不會出現像剛才那樣的場面。

如果不是當成「別人的事情」而是「自己的事情」來想，「那的確會很失落吧……」、「如果現在我的女朋友跑了，可能會昏睡一個月吧……」應該會說得出這些話吧？像這些話，在心情上一定是比較符合被甩的你。

這才是所謂的同感。「我女朋友跑掉了，應該會像用灌酒一樣喝到掛吧。」如果心裡這麼想，會去邀約對方「好吧，來去喝一杯吧！」，這就是產生同感。

或者是，假設你有一個完全不曾困擾經濟問題的朋友。然而，有一天他的公司突然倒了。聽到傳聞後沒多久，那個朋友來找你。他說，「我最後就只想見你。」

這時候，如果是很普通的狀況，「啊～你以前完全不會困擾財務的問題，居然會變成這個樣子，我也很難相信啊。」不知不覺就會吐出這些「同情」的話語。

但是，如果是會產生同感的人，就會開始想「為什麼這傢伙會來找我？」

假設自己的立場是，現在破產了，今晚準備要逃走。這樣一來，自己就會開始想，對方現在需要些什麼。的確，這時候可能會想來看看可信賴的友人吧。但是，我就要開始逃亡了。之後會怎麼樣，都還完全不知道。不用說，生活資金一定是會擔心的吧。

但是想要借錢這件事情，自己真的很難開口。畢竟還是有自尊的。但是這時候，你如果可以先想得到：「如果是自己的話，也是很難去拜託人家借錢給我吧」，那應該一萬、五萬也會拿出來吧。

如果你可以這樣說：「其實我的錢包都給老婆管了，也只有這些現金而已，如果你要準備逃了，或許可以幫助你一些，拿去用吧！」然後把錢遞出去，這對於對方來說是多麼強大的助力呀。

所謂的「同情我的話，就給我錢吧！」這種話，聽起來只會覺得殘忍的人，我倒是覺得他是個同感意識不夠的人。

最近因為成員有醜聞而八卦滿天飛的恰克與飛鳥（CHAGE&ASKA），當年所唱的一首曾經賣了兩百四十萬張的歌「YAH YAH YAH」，我想也是在表達人們「尋求同感的心情」。

那首歌裡，有著像這樣「現在一起去揍那個令人火大的傢伙吧！」有點不太尋常的歌詞。但是各位，你們在聽這個歌詞時，不是都覺得「很不錯」嗎？這句歌詞就是出現了一個讓你「真想揍翻他」的傢伙，然後有一個朋友肯對你說：「現在我們要不要一起去揍那個傢伙？」

如果只是很普通的朋友，插手這件事情的話可能自己就會變成犯罪者，所以會說「不要這樣啦」。同感的程度降低，是很普通的事情。正因為如此，願意說「要一起去揍那傢伙嗎」，這種知己般的感覺，我想很多人都會很憧憬吧。

這就是寇哈特所謂的「同感」，也是所謂的「鏡映對象」。「實在不是很了解所謂的同感」、「真的不是很擅長擁有同感」，就算是會有這些煩惱的人，如果排除那些漂亮話，直截了當地想「如果是我的話會如何」，說不定會順利地產生同感。

對商品或服務也需要同感力

產生同感有其作用的地方，並不是只發生在個人的人際關係裡。其實，世界上的人氣商品或者服務，也是因為與顧客產生「同感」才會熱賣。

也就是說，同感對公司經營，或是商品企劃、開發方面，也是很重要的。

經營者無論說了多少次「站在客人的立場想想吧」，但是到底有多少人會認真去想呢？

以超商為例，「如果我自己是老年人，想去附近的超商買東西的話，通常都會買哪些、買多少東西呢？」像這樣是否能夠貼近真實顧客心理的課題就會浮現出來。無論賣得多麼便宜的商品，老人家因為只有一個人生活，不需要這麼多的量。因此，就會看到這個重點：「稍微貴一點也好，他們應該會購買自己可消費量的商品吧」。

日本７＆Ｉ控股（Seven & i Holdings Co., Ltd.）的前代表取締役會長——鈴木敏文先生，我想他就是少數會站在顧客立場思考的經營者。

鈴木先生本身就算是身為經營者的立場，也會親自嚐過羅列在自家超商店面的所有商品。從便當到甜點，「這味道是不是真的可以滿足客人呢？」以自己的舌頭確認味道。這並不是一件尋常的事情。聽說就有被鈴木先生一句「這不好吃」，還真的因此停止販售的商品。

在眾多的連鎖超商中，7-ELEVEN可以在持續站在寶座，我想就是因為有願意貼近顧客想法的經營者存在的關係。

另外一個例子是手機。你手上是哪一款智慧型手機呢？

我以前曾經買過某個廠牌的智慧型手機，實際上用了之後，覺得怎麼會這麼難用！只為了要打電話給一位編輯，把耳朵靠近手機，不知道為什麼電話講到一半，就變成通話保留，最糟糕的狀況是電話被掛斷了。也就是說，耳朵會不小心碰觸到畫面上的按鈕，對此不禁想對設計這台智慧型手機的人大喊：「這個你們自己真的有試用過了嗎？」

為什麼會有這樣的狀況發生呢？最大的原因，就是因為他們沒有製造出站在使用者或是顧客立場的商品。真的只需要這句話，就能完整解釋這種狀況了吧。就算液晶螢幕再怎麼漂亮，會在講電話時變成通話保留的智慧型手機，真是完全沒有意義。只能讓人覺得，會有這種設計，都是那間廠牌公司的問題。實際上那間公司也沒落了，陷入幾乎要破產的窘境。像這樣很可惜的範例，不是只有智慧型手機，像是電腦、數位相機也是，最近增加了太多功能，應該會有人覺得，這樣反而愈來愈難懂、愈來愈難用了吧？

中高年使用者，用新買的數位相機拍了照，然後會問：「那接下來，要怎麼看拍的照片呀？」像這樣開玩笑似的對話是真實存在的。

到底為什麼非得要顧客端去配合廠商或是開發者，應該會有很多人都覺得沒道理，不是只有我而已。這些狀況在某種意義來說，代表站在對方立場並非如此簡單之外，同時現實層面上，還代表著無論開發者或是經營者的立場，各種場面都需要產生「同感」。

不足的並非是能力，而是努力

無論是構築人際關係也好，商品開發也好，如果並沒有產生同感，就覺得自己好像很了解對方的心理需求，這其實也是一種自以為是。

與其相比，「我不太擅長看懂對方的心思，還是稍微注意一點吧」，像這樣沒有自信的人，我覺得反而還比較有機會產生「同感」。

對學習寇哈特心理學的人，我不斷想傳達的是當以寇哈特心理學來思考的時候，最危險的就是「對方一定是這樣想的」、「他一定是有這樣的感受」等等，自以為是的思維。

像這種自以為是，會給對方帶來困擾，還會激怒對方外，而且還有可能傷害到對方，希望各位可以多加注意。

例如剛才談到的智慧型手機的例子，開發者認為：「這台手機有內建很多功能喔！但是，還是先等等吧。總之先讓我家的老媽試用看看，確認一下初學者到底會使用到何種程度吧」。有這種想法的人，才是產生同感的研究者、開發者。接著，開發者的媽媽說：「這種東西不行啦。耳朵才貼上去不是就怪怪的嗎。」在給了這樣的感想時，他又能坦然地接受這個缺點，再次修正做法。自我反省為的是想做出一台也可以讓媽媽喜歡的智慧型手機。

藉由反覆這樣的流程，人們就會開始注意起「這樣的話，對方應該不會開心吧」、「如果說了這樣的話，應該會被對方討厭吧」等等，這些細微的部分。

大部分的人，通常都不會是「我原本就沒有擁有同感的能力。所以練習也沒有意義」。

那並非是沒有產生「同感」的能力，而只是沒有「習慣」以產生同感的方式去思考事物。就算是被認為難以與人產生同感的泛自閉症障礙者（亞斯伯格症候群），也會認知到自己是「不擅長與人產生同感的類型」，如果他「想要與別人產生同感」

而去努力的話，產生同感的能力依然會慢慢變高。

經過努力的話，就會變成習慣，就會變成產生同感的能力。

「好的撒嬌」和「過度撒嬌」的界線

非常重視構築良好人際關係的寇哈特理論，有時候會給人一種印象：對他人太過度撒嬌、太過度依賴的話，恐怕會出現超越了「撒嬌」應有界線的人。

然而，對於人際關係最為重視的寇哈特，最想闡述的是：「若不被人喜歡的話，是很孤單的啊！」

那麼，假設有個對他人過度撒嬌，只會想到自己的人，他會被周遭喜歡嗎？應該很難吧。所以，這點是需要注意的。

自己沒有被滿足的情緒，以任性的手段要求對方來填補，就會不小心變成跟蹤狂那類的人。

寇哈特認為，無論是不被人喜歡、自戀沒有被滿足等等，這些良好的「互相依賴」並不完整的狀態下，人類的情緒會變得很不安定。

「我不被任何人認同」、「都沒有人喜歡我」等等，無論是誰都有可能會有這種情緒，在這麼想的時候，我們連要好好重視自己都辦不到，變成不安定的狀態。想當然爾，一整天都被那種思緒綁住的人，會處在不安定的狀態。

相對地，「獲得充分的愛的人，內心會很安定，並且不會想要對他人撒嬌、想要得到愛」，這是寇哈特對人的觀點。

我想擅長依賴他人，該撒嬌時就盡情撒嬌的人，並非是不在乎對象是誰都跑去撒嬌，反而是非常重視他人。

為了可以和善待人，自己的內心必須先安定下來。這樣一來，你如果想要和善待人，就沒有閒暇去輕視自己。那是因為你也會對誰撒嬌，去依賴誰的關係。接下來，如果被誰依賴時，就聽聽他的心事吧。

那麼，好的撒嬌和過度的撒嬌，其界線究竟在哪裡呢？

假設，有個家庭有三兄弟。當中只有一個人，總是黏著母親撒嬌。這種狀況，對於那個愛撒嬌的孩子，寇哈特認為「內心應該是缺少了什麼吧」。

很有可能是哥哥在弟弟出生後，認為「媽媽被搶走了！」出現短暫感覺母愛不足；又或許不知不覺認為只有自己被冷落，產生一種疏離感。寇哈特認為「不足的部分」，並非是以母親的角度看來「愛是否足夠」，而是觀察每個孩子主觀的感受，客觀地做判斷。

就算是雙親認為：「沒有那回事，我們很公平對待每一個孩子」，但試著想像小孩子在妹妹或弟弟出生後的心情，大家就可以理解，他們暫時「變回小寶寶」的行為，那是非常合理的「撒嬌」。

去疼愛對自己撒嬌的人，可以說根本是「引狼入室」的行為。但是寇哈特認為，「會對自己撒嬌的話，代表他正處於自戀沒有被滿足的狀態，稍微給予一些愛，可以讓他回復到穩定的狀態。」

另一方面，美國的養育方式，會讓剛出生沒多久的小寶寶跟父母親分房睡，雖然會有例外，不過像這樣小寶寶就算哭了也放著不管，我想這是屬於深信「人們本質上是很堅強」的阿德勒養育方式。

「美女的個性很差」是真的嗎？

有刻板印象的漫畫等作品裡，常常會看到很漂亮又高傲的女性，或者是頭腦很好但個性很差的男性出現。然而我從以前到現在，遇過許多從學生到男女老幼的患者，其實長相好而學歷高的人，出乎意外個性大多也都非常好。這是理所當然的，因為相貌端正、學歷超群，本來就跟個性沒有直接的因果關係。

那麼，到底什麼樣的人，會成為個性差的人、個性扭曲的人呢？

假設，有一組互相對照的兄弟，哥哥非常聰明，很會講話。長相非常可愛，運動會也常常拿到冠軍。相對地，弟弟有些部分就稍微笨拙，也沒有像哥哥那樣受到佳評。連講話也是有點不擅長。

弟弟因為覺得自己不如哥哥，也是很努力，總之非常用功在念書。結果，哥哥在考中學入學考時失敗，只進了普通的學校，弟弟反而考進了東京大學合格率第一之類的名門中學。

順利進入難關名校的弟弟，周遭人態度一百八十度大轉變，「唉呀，你進到很好的學校呢！頭腦真好！」開始疼愛起弟弟來。

那麼，接下來發生什麼事情呢？弟弟開始這麼想：「我原本沒有像哥哥一樣被大家喜愛，原來大家喜愛的是學歷高的自己呀。」

接下來，「（哥哥只能去普通的學校，）我好歹也是最強的呢！」結果反而開始過度自傲於自己的學歷。

或是，假設是個在城鎮的傳統家庭出生的女孩，從小就被說：「你是女孩，不可能繼承家業的！」等等，總是覺得被大家輕視。

但是等到進入青春期時，那個女孩逐漸長成附近地區皆知的美女。那麼，接下來會發生什麼事情呢？之前老是輕率對待女孩的人，幾乎都極力地稱讚她：「你們家的小孩，真漂亮！好棒喔！」接下來，女孩開始覺得：「我只是因為臉蛋好看，才被你們喜愛吧」，自己開始過度自卑；或是相反的，也可能會對自己是個美女這件事得意忘形。

像是這樣，性格扭曲的資優生，或是性格扭曲的美女就這樣誕生了。雖然這些範例稍微有點極端，各位應該可以想像得到那是什麼樣的狀況吧。

以寇哈特的理論來說，人如果獲得了愛，個性就會因此變好。

因此，通常自戀很容易被滿足的美女或資優生，大部分也都會養成好的個性。但是如果從小沒有從周遭獲得愛，就會變得很難察覺到「自己生來應該是要被愛的存在」這件事情。當然，因為那是寇哈特的理論，所以只有「身為父母的我，有給予小孩子愛」是不夠的，必須以「也要讓小孩子本身知道，他是被我們愛著的」的方式，來對待他們才行。

如果這部分沒有做好，就會像剛才例子那兩個人一樣，「沒有好好念書就不會被愛」、「只是因為臉蛋漂亮，才會被愛」，產生這種無法擺脫的心情，而且還會衍伸出扭曲的價值觀。

自戀沒有被滿足的人，突然因為得到一筆錢財而被捧得很高，就會變成「因為有錢，我才有價值」的心態。會想穿全身的名牌，開始自傲、虛張聲勢自己很有錢，給人感覺哪裡似乎不太健全的印象。那樣的人非常可惜的，有錢的時候還好，錢用完的時候就會很悲慘。那是因為，人們再也不會靠近的關係。

不管有沒有錢，從小得到周遭的愛而成長的人，因為會清楚了解原本的自己也是值得被愛，個性就會很悠哉，散發出輕鬆、穩定的氣息。必然周遭就會有很多人靠近。

我想，這就是所謂的「有教養」。跟經濟狀況或家族構成無關，「原本的自己」能否被認同的環境才是最重要的。

給予小孩子「健全的自信」吧！

因為有關聯，我們再繼續稍微談一些養育子女的事情吧。

「或多或少被人討厭也沒關係，可以好好表達自我主張，有這種個性的人比較好。」

的確，可以表達自我主張的人非常帥氣，而且很有魅力。這是，阿德勒流派的價值觀。在美國等國家，我想這種類型的人占了大部分。

另一方面，「很不擅長溝通或是自我表現，雖然不太能好好表達自我主張，但是不會討厭他。周遭認為『那傢伙，是個很好的人吧！』」這種類型，在我們的周遭應該存在著。所以就算是有魅力的人物，也是有各種類型。

雖然這並不限於養育子女，每個人慢慢琢磨出各自的優點，並非是壞事。愈琢磨自己的優點，就愈能體驗到「被稱讚」這件事，而周遭找出他的優點，更能讓他發揚光大，也是非常重要的事情。

以指導考試為例，使其更發揮擅長的科目，並掩蓋不擅長的科目，也可以拿到綜合的成績。另外，實際體驗到被稱讚，從寇哈特的理論看來，也是非常有意義的事情。

然而，對於每個孩子，並非是無目標地去發揮他們的優點就好，其他就算不用稱讚、獲得認同也無所謂。這樣一來，會如同先前的例子，恐怕會出現「我是因為成績好這個優點，才會被大家喜愛」，這種扭曲的自我分析。

在那之前，在他從小周遭以愛相待，讓他認為原本無裝飾的自己也會被他人喜愛，使其擁有「健全的自信」是最重要的。

以「健全的自信」養育長大的小孩子，就算在運動會沒有拿到冠軍、考試沒有考到滿分、不太擅長表達自我主張，只要雙親或是周遭的人願意認同他，確實可成為擁有自信與滿足感的人。

雖然這種說法似乎很露骨，從現實面來看，我們很難像某人一樣因為什麼才能而大放光彩，在某些領域成為第一，除了明確的「冠軍」或是「非常有錢」等指標以外，若能理解到這世界上還有其他東西也可以讓自己獲得滿足，這樣不是比較實際，而且很重要的事情嗎？

假設就算是不太會溝通、不擅長表達自我主張，一定會有人認為你是「很好的人」。就算無法因為很會做生意而變成有錢人，也會有很多人認為你是「可以相信的人」。

這些跟擅長表達自我主張、有錢這件事是同等級的，甚至偶爾還在其之上，是非常貴重的事情。並非是任何人都「一定要因為什麼而大放光彩」。

重點整理

透過本章節，大家可以理解到，寇哈特為何會認為「互相依賴」是人際關係的理想了嗎？

寇哈特所期望的互相依賴，並非只是單純地照顧、呵護對方，而是「自己去依賴誰」的同時「也可以被誰依賴」，這種平等交換的關係吧。其實並沒有想像中簡單，而是只有寇哈特所謂「成熟的人」，才有辦法做到的事情。

來學寇哈特的理念吧！

・取悅他人基本上是好的行為，被愛相待的人，內心情緒安定，而且個性也會變好。
・「無償的愛」的母子關係，也是成立於平等交換上。
・理想的互相依賴，關鍵字是產生「同感」。
・稱讚對方時，請找出「對方想被稱讚的部分」。
・比起「同情」，「一起感到開心」的困難度比較高。
・產生同感的能力，在公司經營和商品開發方面也很重要。

就算是看起來不經意地可以取悅他人，或是可以產生「同感」的人，也並非全都是與生俱來的。反而大多數都是在出生後的環境中，好好地觀察別人，進行站在對方立場去思考的訓練，無意識也可以進行這些動作。

只是說著「我對於這種事情真的不太擅長」，那構築良好人際關係的機會就愈來愈遠。

這是任何人只要有心，就可以達成的事情。把它放在心頭，往寇哈特視為理想的良好人際關係邁進吧。

第三章

寇哈特流派與人相處的祕訣

——重視「自己與他人」的方法

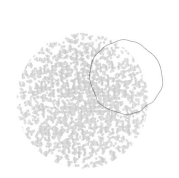

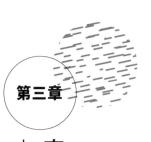

拉麵與法式料理，選擇哪一種的人比較幸福呢？

寇哈特最重視每個人內心所感受到的主觀世界，在精神分析來說是「自我」的部分。十個人的話就會有十種感覺和思維，他對於這個大前提非常重視。

或許你會認為「那不是理所當然的嗎」，實際上這不得不說，很多時候其實都是「不理解」的狀態。我們總是不知不覺，把自己感受到的事情認為是正確的，然後與誰的價值觀互相比較，進而開始同情自己。

假設今晚，有個在附近吃一碗八百日圓熱騰騰拉麵的人，以及有個在銀座一帶吃要價好幾萬日圓高級法式料理的人。

「兩個人當中，誰比較幸福呢？」

對於這個問題，你有辦法作答嗎？當然，如果有人超喜歡拉麵，那麼也會有人非常熱愛高級法式料理吧。

除了食物以外也有類似的例子，就算是以世界三大美女為人所知的楊貴妃，經過時代和觀者的變遷，她反而變成是相撲力士；就連有榮譽的諾貝爾獎，結果也只是由當時的評審委員會的主觀所選出的。經歷時代變遷，也可能像腦白質切除術（lobotomy）一樣，讓人覺得「真是的，怎麼會讓這種技術得獎呢！」

無論是你或者是誰，無論是多麼讚賞的事物或人物，到頭來也只是人的主觀。

當我覺得「喔，好好吃！這家店的拉麵是日本第一」，隔壁可能會有人覺得「另外那家的拉麵，才是日本第一啊」。

雖然說是一千萬人看過覺得非常感動的電影，但和你自己是否也覺得是部好片這件事情，兩者是完全無關的。

好好地接受這個「理所當然」，是寇哈特心理學的第一步。

「自己的想法」是最重要的

那麼，如果不夠理解「自己是自己，別人是別人」、「各自的感受方式不同」的事實，會發生什麼事情呢？

其實，我們許多不為人知的煩惱，就是從這裡產生的。

例如，忌妒。說到忌妒，就是人們因為無法消除羨慕到莫可奈何的心情，可說是非常痛苦呀。

「他如此有錢，住在很棒的豪宅裡，真的好羨慕啊……」

但是，這種心情在大部分的狀態下，都只是我們自己擅自的妄想罷了。

你覺得羨慕的有錢人，看到你之後，「我雖然有錢，但是家人卻分散四處，也沒有心靈互通的朋友。好羨慕被家人包圍的你啊」，不時感嘆說著。

身高很高就像個模特兒，總是令人羨慕的女性，卻因為身高的關係，煩惱很難交到男朋友；很會念書總是被大家羨慕的小孩子，其實內心羨慕著總是被很多朋友包圍的劣等生。

從我們的角度看來不禁覺得很可憐，那些貧窮國度的居民們，其實與競爭社會無緣，大家互相合作度過幸福的生活等等，這樣的例子不勝枚舉。

寇哈特認為「客觀性完全沒有意義」、「只要自己感到幸福就好了」。大多數的人，總是不經意地客觀審視自己，特地與人做比較，像是年收入多少、臉蛋長得怎樣，然後以條件定義「自己是不幸的」，這樣是否沒什麼意義呢？

比起這樣，「我雖然不是帥哥，但是有個好伴侶」，或是「我們家雖然總是粗茶淡飯，但是可以跟家人一起用餐很幸福呢」，會這樣想著的人，你不覺得似乎還比較幸福嗎？

事實上，所謂的「客觀性」都是假的。人雖然會看似慎重地說著「客觀地看事情吧」，但是「很棒，或者不怎麼樣」、「好吃，或者不好吃」、「幸福，或者不幸」等等，像是在評估一些事物價值的「絕對客觀性」，其實是不存在的。

真正存在的，是活在當下的「我」或「你」，還有你「身邊的人」，大家各自體驗到的、感受到的是各自的心情，也只有那個「自我」。

跟人比較些什麼、客觀地看著自己到底好不好等等，這種心情只要一湧上心

頭，就馬上把它封印吧。

你自己感受到的事情，只要是坦然湧現的都是好的。你認為很好的事物，它就是好的。你感覺到幸福的話，你就是幸福的。

偶爾會有一些人擅自下評論：「咦，你會覺得那東西好嗎？」、「你好可憐喔」，聽到那些話就立即把它封印，當作耳邊風即可。接著，你要繼續認同自己所感受到的事物，同樣地對於對方，也要去認同各有自己感受的方式吧。

不起眼的上司意外被大家喜歡的理由

以寇哈特理論來解讀的人際關係，在職場上也很有用處。

假如，你今天在公司裡，被上司大聲斥責，讓你很想大叫「這也太過分了！」而且，還是在很多同事的面前罵你。

被如此過分的對待，你實在是非常悔恨。

當然，這可能是你發生了失誤。但是你的上司，為什麼生氣到讓人如此不快的程度呢？

大部分的人，對於「立場在自己之上」的人會想得非常多：「不能讓對方不高興」，或是「這樣傳達的話，不知道他接不接受？不知道他會不會高興？」等等，然後才會謹慎的行動。

然而，如果是「自己立場比對方高」，很多人在那瞬間會認為：「我是上司，生氣也是理所當然」，而不考慮對方立場。

你的上司，並不會沒有考慮對方立場的「想像力」。如果發怒的對象，是立場比自己高的人，應該是會多方考量的。

這種情況，其實上司所欠缺的是想像對方立場的「態度」。

無論對方是怎樣的人，能夠好好地站在對方立場去考量事物，那就可以想像得到。這就是寇哈特所闡述的「同感」能力。因此，斥責部下時，如果能想像得到

「部下被這麼說的話，他會有什麼感受呢」，這種有同感能力的上司，就會被大家喜愛；相反地，只會覺得「我對你生氣是很理所當然」，發怒方式很任性的上司，應該就無法獲得部下的信賴了。

另一方面，也是有業績明明不怎麼樣，但是還會被部下喜愛的上司吧。那樣的人，就算對方是晚輩，也不會像方才例子中的上司一樣，在許多人面前怒罵你。真要說的話，他應該會毫無修飾地談著以前不長進的時代的事情，或是失敗的例子；在告誡部下時，言語中也不會帶刺，而是以聽起來不像個人攻擊的方式，去斥責對方的那種人。

這樣的上司，就算本人沒有意識到，可說是同感能力很高的上司。

這種類型的上司，就算自己的個人成績並不太出色，以這樣的高同感能力去統整團隊、率領大家，就有可能把成果往上拉。

這樣一來，應該就能升官成為經理吧。

想要被對方喜歡的方法

寇哈特認為，重視自己心情的同時，最重要的還是好好地站在對方的立場，去想像對方的心情。那是因為在人際關係上，這樣做就能看出自己該怎麼樣行動。

如果把這個技巧說得太少也不好，機會難得我們就來詳述一個例子吧。

「我好想被這個人喜歡喔」、「好想更親近他喔」，或是「好想被這個人信賴喔」，當你產生這些想法時，該怎麼做才好呢？

此時，就是成為對方的「理想化自我對象」。

所謂的「理想化自我對象」，以簡單的方式來說就是，當你感到不安時，「如果有這個人在，我應該就沒事了」，這種可以讓你安心的人。也就是說人們必須想到追尋「理想化自我對象」的這件事。接著，就能了解到，當自己感到不安時，會希望有誰可以依賴了吧。

其實，當對方感到不安，想要尋求可以依賴的人時，這正是個好機會。

這種情況就是，假設我想成為你的理想化自我對象，就算你平常完全不這麼認為我是這種對象，但是當你感到困擾時，我會想要幫你一些忙。接下來，或許你就會認同我。

你現在感到困擾。因為第一次遇到這種狀況，不曉得該找誰商量。充滿著不安與焦慮的心情，而且也找不到解決方法，時間一分一秒的過去……

就在這時，「欸，你看起來有點糟糕欸。就讓我來幫你想想辦法吧」，如果出現了說出這句話的人，會發生什麼事情呢？就算是平常完全沒注意到的人，在這個時間點挺身而出，無須多說真的會讓人感到無比堅強。

就算不到讓人一見鍾情的程度，在信賴感跟好感的意義上，也都確實加了分吧。

抑或是當自己感冒沉睡時，平常不是很在意的某個異性，非常擔心你、很認真地去照顧你，就算是這樣也可能會發生喜歡上對方的事情。

實際上在醫院裡，住院的男性跟當時照顧他的護士交往、結婚，或者是醫生跟患者結婚的例子，意外地還滿多的。

雖然這是令人覺得有些小聰明的想法，不過，如果你有想要獲得信賴的對象，最好還是仔細觀察對方。接著，如果對方有著不為人知困擾的事情、覺得痛苦的事情，那麼就直接向對方伸出援手吧。

該怎麼應對不斷按著護士呼叫鈴的患者呢？

第一章中有寫到，能治療「沒有自信的你」，是「可以稱讚你的人」、「可以讓你撒嬌的人」。這次轉換立場，來想想關於你周遭「沒自信的人」。

如果你認為「他是個性扭曲的人，跟他在一起連我的心情都會變得很糟」，而一腳踹開對方的話，對方的個性就會變得更加扭曲吧。

「就算我稱讚了他，那個人總是會說『反正……』，而不會欣然接受」，如果因此而拋棄了對方，那個人的一生就在「反正……」的人生中度過了吧。

寇哈特理論中，除了可以對自己有幫助外，讓自己受惠之後，可以善用到其他人身上也是很有魅力的一件事情——這是我在前言中也有提到的。

假如你對於總是在嘆氣、每次遇到都在抱怨的人，希望他可以再多打起精神一點的話，那麼則有以下例子。

在一間療養型的老人醫院裡，有一位護理師，曾經遇過這種諮詢案件。

「我們這裡，有一位很常去按護士呼叫鈴的老婆婆欸！

「從肚子到背，總之身體到處都在痛，雖然也有給醫生看過，但是都沒有異常喔。

「無論是醫生或是其他工作人員，大家都好困擾啊……而且其實有相同情況的老人家，還有很多位呢！」

我們可以理解護理人員的辛勞。因為他們已經非常忙碌了，而且還被看似沒怎樣的事情，完全不中斷地呼叫他們去處理。於是，老婆婆就被當成院內的「問題患者」。

這個時候，到底該怎麼應對才好呢？如果護理人員總是認為「反正又是一些不重要的事情」，而無視他們按護士呼叫鈴，不理他們的話，那位老婆婆大概接下來的兩、三年，還是會持續地按護士呼叫鈴吧。

然而，之所以會讓老婆婆按下護士呼叫鈴的是「不安」。不安感在消失之前會一直纏著一個人。身體有一些障礙或是生病的老年人，在不習慣的環境下，那種不安感會超過我們想像吧。只要不安感沒有消失，老婆婆就會持續地按護士呼叫鈴。

因此這種狀況，「不要無視它，而是徹底地去應對」，這就是寇哈特流派的處理方式，實際上這在醫療臨床上也是正確的做法。

所謂「徹底地」的意思是，在老婆婆內心的不安感、不信任感消失，「只要呼叫了就會有人來、就有人可以依賴」這種安心感產生之前，就算一個禮拜、一個月，都要一直去應對處理。實際上，只要我們徹底地持續應對護士呼叫鈴，時間長短雖然依每個人狀況不同，護士呼叫鈴的使用率確實會漸漸減少。最後就不再使用了。這是因為，老婆婆的不安感消失了。

這樣一來，不只是對老婆婆，對醫院方面來說，也是好的應對方式。只要徹底地應對護士呼叫鈴，假設患者大概一個月左右可以緩解不安感的話，之後還有其他人也有相同狀況發生，也可以徹底地去應對下一位患者。這樣一來，醫院中被視為問題患者的人數，假設在兩百床規模的醫院，隨時就能把這個人數縮減在三到五人左右。

然而，要是認為「不是什麼大問題」，而沒有去應對護士呼叫鈴的話，就會讓人數逐漸累積，也會讓醫院的營運變得更困難。

就算是使用寇哈特流派的治療，正統的精神分析也要花上三、五年的時間。並非是一年左右這麼簡單就能治好，也不是有志者事竟成的狀況，是需要堅強的忍耐力的。

只要持續抱持著愛，就有可能逐漸轉變。而且，要相信會轉變這件事情。這些都是當一位精神分析師，必須要放在心上的。而患者也必須要有一顆相信醫師的心。

就算不是以專家身分去待人，你想要讓自己以外的人發生變化時，先了解這些事情並沒有損失吧。

寇哈特不認為「患者的心是扭曲的」

寇哈特對於患者，也是認為「患者本身所真正感受到的事物，需要好好重視」，始終會尊重其各自的「自我」。也就是「不會去擅自揣測對方的事情，而是以同感看著對方」；同時包含了「注重大家各自的主觀感受」這個訊息。

無論是寇哈特之前的精神分析家、或者是認知療法專家，大多數治療心病的人們，都是站在一種想法上：「患者因為想法都是扭曲的，所以我必須要矯正這種扭曲的病症」。

舉例來說，就像是佛洛伊德說：「應該要理解潛意識，並且修正扭曲的看法」；而認知療法專家則認為：「應該修正患者在認知上的扭曲」。

就算是阿德勒，也是在某種意義上認為：「全部怪罪給過去，那是錯誤的想法，所以修正這種錯誤思想，就可以成為成功的人」。

然而，只有寇哈特認為，無論是個性扭曲的人、太過於撒嬌的人，都是代表在某些愛的部分明顯「不滿足」，所以才會導致這種狀況。

而且絕對不會說，一定是因為本人有扭曲的部分，所以需要矯正。

就算是治療過程中患者生氣了，那也是認為是身為治療者的自己所說的話，沒產生足夠的同感，才會使患者生氣。

因此，如果周遭出現了這種人，讓你覺得「這個人的個性怎麼會這麼扭曲呢！」「這個人怎麼會這麼疑神疑鬼的呢！」以寇哈特派的想法會認為，這也只是因為他們「運氣」不太好，所以至今所處的環境、周遭所遇到的人，都使他們處於「似乎有什麼不太足夠」的狀態。

所以，那個人在與治療者或是朋友的關係中，只要累積多了「好像就只有這個人可以相信」、「我可以對這個人說任何的事情」等經驗，就會逐漸去相信別人。漸漸地「似乎不太足夠」的部分就會被慢慢填補上，最後扭曲、疑神疑鬼的個性，也會漸漸被消除。

這才是寇哈特流派的治療。

該怎麼跟「討厭鬼」相處呢？

只要認同了對方，對方就會往好的方向變化……雖然是這麼說，你也沒有必要勉強，忍受痛苦去稱讚其他人。那樣根本是本末倒置的行為。因為所謂人際關係，完全是「互相依賴」的，所以對雙方來說都是互相有其意義的。

當然，如果你覺得想要跟那個人積極地展開良好的關係，那麼在可做到的範圍內去認同對方是必要的。但是以現實問題來說，大部分的人周遭都會存在著不知道怎麼相處的人、討厭的人。明明不想要跟對方有任何瓜葛，但是也有可能因為是同事還是會看到，甚至還是非得會講到話，非得在一起做什麼事情不可。

這個時候，你該怎麼辦呢？或許你會別開臉，如果必須一定要跟對方接觸，就用冷漠的態度，或是看來就很不想跟對方有瓜葛的態度去面對他。但是這樣的話，你對那個人的任何「好討厭喔！」「真有夠討厭！」等的情感，是一丁點也都不會改變的吧。就只能保持在「討厭」，或是「真有夠討厭」的狀態而已。

「討厭」或是「真有夠討厭」的情感，除了是因為面向對方而產生，但是請別忘記，同時它也會給你壓力。

那麼，到底該怎麼辦呢？

班上總會有一些愛亂罵人，或者因為細故就施暴的小孩子。欺負弱者，帶給大家困擾。這樣的小孩子，通常不會有人要原諒他吧？但是，其實這樣的小孩子，他的家庭破碎，還遭受虐待。因此那個小孩子，其實也是破滅家庭的犧牲者……聽到這樣的成長背景，我想應該會有不少人，會開始覺得他「真是個可憐的孩子」。

為什麼我會說這個故事呢？當你覺得同事「為什麼這麼討人厭啊！」那麼你先把那個人當作內心有部分沒被滿足就對了。

因此，對討厭的對象生氣時，如果能試著想想：「啊～這傢伙有沒被滿足的部分，是個可憐的傢伙啊」，那負面的情感也會稍微有些緩和。

對人有攻擊性的人，內心陰影很多、說話帶刺、馬上就生氣怒罵的人，你看到他們都可以了解到，他們是「沒有被滿足的人」。

比起對對方生氣消耗能量，你就算擅自地同情對方：「這個人在家裡都被老婆碎念吧」、「他應該沒有獲得雙親充分的愛吧」，你自己應該會比較輕鬆。

深入核心，所謂寇哈特的「悲劇的人」理論，總之遇到討厭的人，想著「啊～這傢伙好可憐啊！」就行了。

就算你回以攻擊，也不會得到什麼。

「啊～這傢伙好可憐啊！」，除了這樣想之外，至於你要跟對方的關係有怎樣的進展，也是看你自己，這又是別的問題了。

討厭鬼的處理方式

你是否有聽過「暴走老人」這個詞彙呢？以前對於過度激動，而且總是說著強硬言論的高齡政治家，大家都會揶揄他是個「暴走老人」；現在就是指年齡漸長，卻有激動言行，而且很愛生氣的人。

如果有學過寇哈特的理論，對於這些被稱呼為「暴走老人」的人們，就會認為是因為他的「自戀」沒有被滿足。

也就是說，理論上認為只要滿足「自戀」了，那種暴走的言行有極大的可能性會停止，因此周遭必須要試著好好地討好他、好好地聽他說話。

如果你的周遭有這種暴走氣息的人，無論是想要幫助他，或者是如果不做點處置，自己會很辛苦的狀況的話，總之先好好地聽對方說話吧。

「不能因為這種事情生氣喔！」、「如果那麼愛生氣，會被大家討厭喔！」先把這些話全部吞下，就只要安靜地聽著就好。如同前述的「不停按著護士呼叫鈴的老婆婆」，總之就聽對方說，這樣對方的心理狀態應該也會有很大的轉變。

接下來的例子，是無論在哪個年齡層都可能存在，無極限老是自誇的人，大家應該看過這種人吧？雖然無論是誰偶爾也會想說以前的英勇事蹟，或者是想要說以前很漂亮有多受歡迎的事情，但是只要開了口即變成自誇的程度，就算講得很委婉，也無法說他是個很容易成為受歡迎的人吧。

對於這種很喜歡自誇的人，需要注意一些事情。如果聽了對方自誇的事蹟，然後說：「你好厲害喔！真不簡單呢！」去討好對方，這不是一種完美的解決方式。

很喜歡自誇的人們，因為感覺似乎只有對過去的事情才能自誇，才會老是說著：「我曾經做過這麼厲害的工作喔」、「能夠連續拿到那個獎項的，公司裡面只有我了」等等，這些過去的事蹟。

但是，對於這些拘泥於過去的人，只要坦然接受他的自誇，然後稱讚他的過去，之後他還是會重複自誇吧。而且還持續緊緊抓著過去不放。

因此，老是在自誇過去，但現實生活卻沒有這麼好的人，只要對他們說：「之前您推薦的書，真的很棒呢！」，或是「上次下班後帶我去的那間拉麵店，因為太好吃了，我又去了一次」等等，去稱讚現在進行式的內容就好了。

這是因為，緊緊抓著過去事蹟的人，往往都讓人覺得他身上「被大家喜愛」的感覺很稀薄。甚至「現在的自己，一定有哪個部分被鄙視」，會有這種感受的人也不在少數。

正因為如此，去認同「現在」他這個人的存在，是非常重要的。

那麼，對於「自誇著現在進行式的人」，該怎麼辦呢？因為這種人總是在自誇，會讓人感覺他果然大大地缺乏了什麼，所以要覺得「他好可憐」而去聽他說話，或是覺得「這種人無法來往」而不再去聽他說話，則端看你自己的決定。但是如果總是很專心地聽著那個人說的話，那他自誇的次數就一定會減少，而且不會加劇。

被名牌束縛的人

「我不是自己本身得到認同、受到喜愛，而是自己所擁有的金錢獲得認同、喜愛」，或是「我並不是以原本的自己受人喜愛，而是老闆這個身分或外貌得到喜愛」等等，會有這些感覺的人，也是一種「悲劇的人」。

他們內心的某個部分，會感覺到「自己如果沒錢就不被喜愛，所以我要開高級車、戴高級手錶，得到大家矚目」、「我原本的外貌不被喜愛，必須要去整形讓自己更美」等等，做出的這些努力都令人覺得哀傷。

成為所謂真正的名流，他可以認知到自己本身能好好地得到別人認同，就不會被名牌迷得昏頭轉向，而且還會覺得「身上穿的，只要簡單的牛仔褲跟T恤就好了」。

但是，如果沒有感受到原本的自己被大家喜愛著，那個人就會過著被金錢或是被其他人耍得團團轉的生活。

體驗到原本的自己能被大家喜愛，就可擁有十足改變一個人的力量。

因此，不要去稱讚對於圍繞在對方自誇的金錢或者外貌，而是針對「你真的很為家人著想呢」、「你的腦筋真的轉很快呢」，在這些地方去稱讚對方。

這些話語，可以讓對方的「自戀」真正被滿足。

寇哈特的理論在上對下的關係中比較有效

現在我們所介紹的，與各種類型人相處的祕訣，原本寇哈特就以「要讓患者體驗什麼，才會讓他們恢復精神呢」來思考，用治療者的視角去談論的。這些是從治療者與患者之間的關係所產生的。

也就是說寇哈特的理論，對於在身為上司、老師等「比對方稍微再高一些身分的人物」，該如何被大家喜愛的案例中，是最容易發揮它真正的價值。

說得再簡單一些，我想寇哈特的想法是屬於「稱讚會讓人閃閃發光」的吧。就算只是被晚輩說「前輩，您好厲害喔！」也好，能夠被尊敬的前輩稱讚「你真是個厲害的傢伙！」這種喜悅感一定會更大吧。

只要是一點點的變化也能察覺得到，而且還能好好稱讚，這種上司或團隊領導人，總是會受到部下喜愛。

例如，有名的田中角榮先生（前日本首相），其個人逸聞中有著這段故事。

有位年輕的縣議員從遠方趕到田中角榮先生的集會，至今他們只見過兩次面，甚至幾乎沒有直接說過話，但是角榮先生卻說：「你特地從最遠的地方過來了呀！」一個大人物居然親自對他說了這句話。

年輕的議員非常驚訝，「居然連這麼渺小的自己，他都有好好注意到啊」，讓他實在是非常的高興。而且，還在心中發誓，「我要跟著這個人！」

田中角榮先生因為是記憶力非常好的人，像這種逸聞不勝枚舉。認識的官員們，從生日到結婚紀念日，幾乎所有的日期都會記住，這並不是一件普通的事情。他的記憶力，抓住了許多人的心。

另外，有位影響著一個大企業的經營者曾說：「無論是怎樣的事情都好，至少一個禮拜一次，多的話三天一次去稱讚部下。假如是工作做不好的部下，也要稱讚他每天都願意來上班很厲害。」

當然在這裡，注意被稱讚的對象，到底有什麼感受也是很重要的，所以並不是隨意稱讚就好。然而，如果對自己稍微有些變化就能察覺，這樣的上司對部下來說還真是非常可靠的存在。

假設在以客人為對象的生意場合，你對部下說「你的打扮品味，感覺真不錯。領帶之類的裝飾，雖然不是很華麗，但是非常好看呢。」此時並不是只有說「你的打扮品味很好」而已，還加上「選了一條對客人來說不失禮的領帶」的語感，部下所接收到的印象就會完全改觀。他會覺得「這個人並不是隨便亂稱讚，而是有好好地在注意我呢」。

比起英勇事蹟，默默地追蹤狀況才會產生信賴感

「為什麼我非得要對這種根本派不上用場的部下，這麼努力地去討好呢！」或許會有人這麼想吧。然而，我希望你能知道到這個想法根本就是錯的。

完全不需要做什麼討好的動作。你應該要做的，是好好觀察部下，「去察覺他的

變化」。

這樣一來，「啊！這傢伙以前做資料的時候都會有很多錯誤，最近好像都沒犯錯了」，或是「原本以為他是個屌兒啷噹的傢伙，仔細觀察之後，發現他每天都把鞋子擦得好乾淨啊」，就能夠開始去察覺這些細節了。

然而，上司「察覺」的這個動作，或多或少是由當事人的努力以及用心所衍伸而出的，如果就這樣傳達給本人，應該是沒有感到不開心的部下吧。也就是，要去察覺部下的努力以及品味。這對上司來說，在某種意義上也是必要的工作吧。

這是因為，部下對於上司注意到自己而感到開心，就會決定要更加努力，也能間接使得部下成長。

比起「看著我的背影照做吧」，這種可以俐落完成大工作的上司；另一種，「我年輕時也是這樣，對當業務非常不擅長啊」等等，沒幹勁地說著這種話的上司，意外地在部下之間非常受歡迎，以上狀況也是前面提過的。

如果要說你以為自誇就能理想化，但其實並不是這麼一回事。

「我曾經完成過這麼大的工作任務喔！」比起會這樣自誇的上司，默默地在部屬覺得很辛苦時，暗中去追蹤部屬狀況的上司，才比較容易被理想化。

當然，對方擅自把你理想化又是另當別論，像是田中角榮先生這樣，屬於非常稀有的例子。我開始從事這份工作後，雖然有不少的患者有提到：「您有上過電視吧」，或是「您也寫了許多書吧」，發生把我理想化的狀況，這也只是電視或書本的媒體力量，因為本來從事電視或是書籍相關工作的人原本就不多呀。

「這個人好厲害」、「居然被委託這麼重要的任務，感覺真可靠啊」，其實這些可以讓對方擅自想像的東西，幾乎不太為人擁有。大多數都只能各自默默地展現「可以依賴的部分」。

常常會有那種人，自己意氣風發想要好好發揮領導能力時，但是部下的反應卻很散漫，而煩惱著「為什麼周遭都沒有人要跟著我呢」。或許那樣的人，雖然自己並沒有這樣想，但是有哪些部分讓人覺得「在耍帥」。你過去的英勇事蹟，或是過去的成功經驗等等，是否常常講給部下聽呢？非常可惜的，這些事情對部下來說，都是不太重要的。

如果想要有效地凝聚部下的向心力，還是要先細心觀察部下的工作。接著，看起來雖然像是無聊的工作內容，就持續去提供建議：「如果這樣做的話，會更有效果喔」。這不是說教，而是建議。「你這樣做的話，會更順利喔」，像這樣去引導他們。

接著，假設不知何時開始，部下的工作能力，開始走往好的方向了。然後部下就會說：「我依照那個人說的去努力，結果就很順利了」，會認為你是「可依賴的上司」，而開始信賴你。

像這樣逐漸累積信賴感的同時，你就能逐漸發揮領導能力。如果還是想要說過去的英勇事蹟，從這個階段開始就好。因為已經建構了信賴關係，所以對於上司的英勇事蹟，就比較有興趣去聽了吧。

斥責時要怎麼做呢？

說到上司對部下的關係，對於「斥責的方式」，我想應該不少人都很煩惱吧？真要說的話，寇哈特對「斥責」這個行為是持否定看法的。

具體來說，無論部下犯了多少錯誤，都要認為「他本人已經非常受傷了，千萬不能在傷口上灑鹽」。

也就是說，對於「自戀」受傷的人，不應該再繼續傷害他的「自戀」。

寇哈特的做法是不加以斥責，而是「誰都可能會犯這種錯誤喔。我年輕的時候也是常常犯錯喔」，或是「下次就這樣試試看吧」等等，引出對方的「孿生」感後，再去訂正它。

如果是這樣，就不會再去傷害對方的心，也可以把它導向正確的方向。但就算如此，也還是多少會有部下犯了錯也沒受什麼傷，而且還認為「自己完全沒錯」

吧。這個時候，如果要以寇哈特的立場去建議的話，我常常會說：「稱讚結果、斥責行動吧！」

例如，小孩子考試拿到高分。但其實他並沒有非常努力就拿到了那個分數，或許會讓人想說：「不要太得意忘形喔！」然而，就算看起來似乎沒什麼努力，他只是以自己的方式去想方法、注意不要犯錯，抓住了用功的訣竅之後就有很大的機會可以拿到高分。所以只要去稱讚結果：「好厲害喔！爸爸也很高興喔！下次希望也可以拿到好成績，加油吧！」小孩子也會因此非常高興，而增加不少幹勁吧。

相反地，考試有小孩子拿到一百分滿分中的二十分。這時候，不可以斥責他：「為什麼只拿這個分數呢？」而是去斥責那個造成二十分的理由跟行為。之所以只拿二十分，如果是因為玩遊戲的話，那就去糾正他「玩遊戲的時間要縮短」就好。

結果跟行動，不可以搞錯。

假設有位在工作上犯了錯，依然認為「我並沒有錯」，呈現一副事不關己的部下。他犯錯的原因，很可能是怠惰了頻繁拜訪客戶，也或許是假裝外出，實際上是泡在咖啡館裡面。要多加觀察像這種成為犯錯「元凶」的部分，好好地去糾正他。

絕對不能說：「為什麼會犯這種錯誤呢！」情緒化地去斥責對方。如果上司能好好看清楚部下自己的狀況，此時所糾正的內容，部下反而還可能會認同上司這面「鏡子」（借鏡）。

只要理解了寇哈特的「鏡映」、「理想化」、「孿生」的自我對象，以及產生「同感」，跟部下的相處方式應該就會改變了。

接著，就算排除較為專業的部分，站在部下的立場，時常想著：「自己的發言或態度，會給對方什麼樣的感受」，是非常重要的。

就算自己覺得是善意的建議也好，對部下來說很可能會演變成「在大家的面前這樣糾正我，真的很火大啊」。人的心緒只要一離開，要再次接近的話，並不是簡單的事情。

也就是說，「要是自己被這麼說的話，會有什麼樣的心情呢」，常常以這樣跟自己對話的方式，再去跟對方述說即可。意外地，我們對長輩或者非常著迷的戀人，很自然而然就會做到的事情；對象變成部下的話，就會做得很糟糕，所以這部分需要多加注意。

寇哈特的領導人論

寇哈特對於成為領導人的人物，分成「教主型領導人」以及「救世主型領導人」兩種。我想很多人應該都聽過教主型，但是應該也是有人第一次聽到救世主型吧。

關於兩種的領導人形象，我們簡單地做個說明吧。

根據寇哈特的說法，原本人類這種生物，「並非與生俱來抱有野心」。然而，當小孩子還在地上爬的時候，想試著站起來、想自己去廁所的動作，會因為雙親的稱讚，形成了類似上進心的心態，而產生「我想要被稱讚」的這種野心。

這時候產生那種想要被讚美的喜悅充滿的自我，寇哈特稱為「野心的極點」。

但是，當然不會老是一直都被稱讚。也會有不順利、被欺負，而顯得不安的時候。像這樣野心的極點沒有被滿足的狀態時，假設對自己而言擁有庇護者象徵的雙親，只要對自己說：「不要緊，不要擔心喔」，自己就會感覺變得較為堅強而且安心，這時被滿足的自我，則稱為「理想的極點」。

人們在成長過程中，會產生想要得到更多稱讚而努力的「野心的極點」，以及感到不安時依賴理想事物的「理想的極點」的兩個極點，也就是說會成為「雙極性自體」的思維。

所謂的教主是指，當人類自己的野心沒有被滿足時，取而代之來幫我們滿足野心的人。

例如，日本在輸掉戰爭，整個國家感覺沒什麼精神的時候，電視播放著力道山（日本前摔角選手）對美國的摔角選手，使出一記「空手劈」的畫面。這一播出，看到的日本人都說「太好啦！」因為這個畫面滿足了自己「野心的極點」。這個時候的力道山，對許多的日本人來說，就屬於「教主型領導人」的位置吧。

另外一段時間之前的案例，總之就是不想讓美國爬到頭上的日本政治家中，「成為勇敢說ＮＯ的日本吧！」這類像是強烈提出此建議的石原慎太郎等人物，或許可說是某段時期的教主型領導人。而就算不到力道山或是石原慎太郎之輩，假設自己在公司有不滿，課長能代替自己把那個不滿，強烈地表達給經理，對你來說他就會成為教主。

也就是說，代替自己活躍於世間的人，就是教主型的領導人。

相對地，所謂「救世主型領導人」，如同文字所述，是指屬於接近救世主般存在的人。

自己就算沒有野心的時候，會讓你覺得「如果跟著他，絕對沒問題」，也就是能夠滿足你「理想的極點」的人物。

雖然不曉得這個比喻是否正確，成為美國總統的川普這號人物，在「自己是平民不滿的發聲者」此層面上可以說是教主，而在「這個人似乎可以改變世間的事物」此層面上也可以說是救世主。

這些都只是各類型的解說，也不一定是這些特質兼備才是非常優秀的領導人，不過「看起來教主型和救世主型，兩種特質都具備的領導人，才會贏得選舉」的這句話，我想應該是不會錯的。

為什麼首相常有口氣強硬的發言？

現實生活中，「如果是這個人，應該會帶來革命吧」、「他應該可以解決不景氣的問題」等等，讓人有這些感覺的救世主型領導人，幾乎都沒有出現。

因此，無論是安倍（晉三）首相也好、俄羅斯的普丁總統也好，各國政治的首領都是希望成為教主型的領導人。也就是說，自己無法改變這個世界，取而代之，在對外的態度、外交交涉時，就必須要讓大家看到強硬的態度。

在菲律賓因為過度激烈的言行，而一躍成名的杜特蒂，在當地擁有極高的聲望。他提出「毒品犯罪者就乾脆殺掉」等等，令人懷疑自己耳朵的政策，是位受到美國等各國譴責的人物。

然而在即將就任為總統前的調查中，他擁有超過百分之八十的支持率，而現在也似乎保有壓倒性的支持率。對外方面，除了對外國總統、記者，甚至連聯合國都不斷地採取傲慢的發言等等，總之就為了想挑撥而挑撥。此外還實行著所謂的邊緣政策外交，這在旁人看來或許會覺得是「怎麼又說了這種不得了的話」，但實際上在菲律賓國內他卻依然被國民擁戴。

但是想想住在菲律賓的人們，看到無論是對美國或是哪個國家，連一步都不肯退讓的領導人，也會讓他們內心感到堅強。也就是說，就算是會讓我們皺眉的領導人，在他們國內說不定是個令人誇耀的領導人。

理想的領導人是什麼樣的人呢？

然而，無論是教主型或是救世主型，寇哈特並不認為兩者是理想的領導人。這就是寇哈特厲害的地方。

也就是說，所謂教主或是救世主，都是只能帶來模擬體驗，實際上並非是可以滿足大家各自的野心、理想化的存在。稍微說得誇張一點這些領導人，總感覺哪個部分，或許還可以說真的有點像新興宗教的教祖。

真正有可以依賴的人陪在你身邊，或者真正可以稱讚自己的人，其實根本不需要去要求什麼教主或者救世主。

像這類教主或者救世主，是屬於假設國家陷入混亂時，為了統整國民而必要的存在。

因此，假如公司陷入混亂時，從國外來了像是拯救日產汽車的雷諾汽車CEO卡洛斯・戈恩這類人物，以「讓我來當救世主吧」登場的話倒是沒什麼問題。但是從一開始就存在的老闆，要是成為了教主或是救世主，員工就會全都依賴老闆，恐怕會變成什麼都聽老闆指示、等他判斷的狀況。另外，如果繼承人培育不明確的話，也有可能當老闆出了什麼事情，結果沒有人可以代替他的狀況發生。

在這裡，寇哈特認為最理想的領導人，是「可以把人們的理性拉回來」的人。所謂的可以把人們的理性拉回來，是怎麼一回事呢？

也就是說，當公司裡的大家認為「因為老闆在，所以沒什麼大問題啦！」，然後開始得意忘形時，會說得出：「等等，我並不是一直都活得好好的，不要太放心」這種話的人。或者是，曾經有過驚天動地失敗經驗的老闆，當一手帶出來的員工很開心地拍著手慶祝出師時，他就預設會有假想敵出現，「不行，你們因為這件事情開心，反而會有損失喔！大家還是要好好做自己該做的事情吧」，說出這種話的人。

這些話，如果有部下的人應該可以了解，都是很難辦得到的事情。不會陷入自己的立場或狀況，而是客觀地看著自己，然後下指示叫大家做該做的事情，這需要相當程度的冷靜以及膽識吧。

必須要在心理上去統整大眾時，就算這種一時性的教主或者救世主有其必要性，那也並不是屬於原本應有的領導能力，這就是寇哈特前述理論的理由。

你覺得呢？我們從一開始就介紹寇哈特是世界最和善的精神分析師，是否認為其領導人論也是直搗本質核心呢？我想這是因為他是非常重視對方的想法，最重視人際關係的寇哈特，最終才會產生這樣的觀點。

重點整理

在本章節中，對第二章有概略談到寇哈特對人的觀點，以及基於人際關係的觀點，進而提出更具體建議：「這樣的人，就這樣跟他相處吧」。就算不是完全相似的人，在各位周遭的人中，應該有讓你在腦海中可以浮現出「他是這種類型吧」的人物吧。也或許會有人認知到：「我自己可能是這種類型喔」。

如同寇哈特所闡述，無論是自己或者他人，如果現在內心的狀況不好，那就是「因為現在缺乏了什麼」，而沒有別的問題了。不要因為討厭就拒絕了自己或對方，試著改變掌握的方式、相處的方式來改善吧。這樣就會引導為良好的人際關係，最終也會引導至豐富的人生。

來學寇哈特的理念吧！

・人的價值觀以及感受各有千秋，雖然這是理所當然的，但是意外地常常被遺忘。
・必須要跟討厭的人相處時，先試著抱持「同情心」。
・對常常自誇的人，「稱讚他自誇內容以外的事」，他自誇的次數就會減少。
・身為上司，比起讓部下聽自己自誇的事蹟，不如默默地持續追蹤狀況，更容易建構信賴關係。

最後提到的領導人論，雖然一般較少為人所知，但我認為寇哈特的領導人論非常有個性，而且又一針見血。

第四章

日本是「寇哈特流派」的國家

——運用同感力解決社會課題

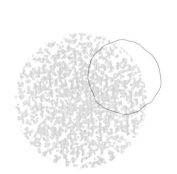

選舉時有同感力的人才會贏

最後一章節，我們也來聊聊，學了寇哈特的理論後會看到的一些社會問題吧。

首先是選舉。能夠與對方產生「同感」的人，不只會在公司中表現活躍。

政治的世界也是，在電視的討論會上，「說了這些話，聽眾會怎麼想呢」，能夠好好地想像這問題而發言者，最終就會贏得選舉。

我覺得日本的選舉制度在根本上有個很不好的地方，那就是只有為期兩個禮拜的選舉期。

像是美國的總統選舉一樣，如果選舉期拉愈長，這期間一定會跑出一些缺點，反而會有「一開始覺得不怎樣的人，之後卻覺得他很厲害」，這樣的言論出現。重點是，這是因為比較有時間可以慢慢觀察對方了。

這樣一來，對於「哪個人選比較適合」，我們也可以冷靜地下判斷了。（至於這個結果選出來的本屆美國新總統，到底如何，就看你自己怎麼覺得了……）

然而，變成像是日本「兩個禮拜以內到底可以給出多少表現」的選舉，總結來說，有很多都是知名度高才比較能做有利的操作。因此我覺得，這樣就會變成像是藝人或世襲，以及現任的議員會比較有優勢。抑或是，也有發生只是處於「現正當紅」的政黨就當選的例子。

如果選舉期拉長，不太有機會選上的泡沫候選人中，也可能會出現耀眼的人才。至少，應該就不會陷入像是「結果根本完全不曉得這些人是怎樣的人，不曉得到底要投給誰好」、「所以，乾脆也不去投票了」等等，這種最悲慘的狀況了。

我個人認為，只能說「日本的選舉制度本身就是沒有同感的能力」。

醫學院面試的傲慢

選舉制度是如此，然而欠缺同感的想法，感覺似乎很多場合也都會發生。當中的一個，就是進入大學系所或者公司時，所進行的面試。

話說回來，其實也不是面試專家的「面試官」，只花了十五分鐘或三十分鐘左右，就覺得應該可以了解對方的狀況，不覺得這很勉強的嗎？

例如，在東京大學主要進入醫學院的學生，有稱為理三（理科三類）的學部。進入這個學部的面試，曾經一度被廢止過，明年度似乎又要復活了。

我對周遭的人說了這件事情，大家的反應是：「那真是太好了」、「沒有面試就進醫學院，果然還是很奇怪吧！」

但是對我來說，讓根本沒受過訓練的業餘面試官去做判斷，才真的是很奇怪的事情。

以前，群馬大學的醫學院附屬醫院中，曾經發生過由某個醫師動手術的患者，有將近二十位連續死亡，實在是令人非常痛心的事件。另外，最近醫學生引起的集團強暴事件也頻頻發生。這些全都是有入學面試的大學。雖然表面上是說，要從面試中挑選出應該成為醫師的人，但實際上實行後，負責這些醫學生或者醫師面試的面試官，應該都要被革職了吧。這是因為，他們對於「適合成為有志於醫學者」這件事情上，做了錯誤的判斷。

然而這如果在一般企業的話，「到底是誰讓這傢伙進公司的啊」，這種對於質疑面試官責任的場面不少見；但在大學的面試中，質疑面試官責任的場面，根本就不存在。

話說回來，在大學考試前只活了十幾年的學生中，要找出一個已經成長到可以讓你下評判認為「他是個很適合成為醫師」的人，不覺得很勉強嗎？

原本應該是要先請他進入自己的大學，讓他進行溝通能力以及產生同感的訓練會比較好吧。一開始就從什麼都可以做的人去尋找，那當下可說是失敗的教育者了。

進入醫學院後，在面試中似乎可以測試的溝通能力、為了產生同感的訓練都沒有被放進學程中，這樣本身就是一個大問題吧。

因為身為醫師，跟技術與知識同樣重要的就是這些能力了。以身體不舒服且脆弱的患者為對象，好好聽他說話，然後必須要成立能夠構築信賴關係的對話。對我來說，這本書所寫到的寇哈特心理學，讓我覺得應該要成為必修科目。

到這個地方來，透過面試的外行進行的面試，也就是強者對弱者進行的面試。這時候，無論如何都無法否認，能夠捧面試官的考生，比較有被喜歡的傾向。但是，就算很能討面試官歡心，在成為醫生的合適度上來說，是完全沒有意義的吧。

因此我認為，乾脆就讓身為患者的這些老爺爺老奶奶去當面試官，或者是考生自己當患者看看吧。

在美國，以有名的哈佛大學為例，絕不可能會有教授來面試的事情。負責面試的，都是該專科的專業人士，專業的面試官。而且不是只有一次，三次或四次，不斷進行多次的面試。這樣就能完全排除掉，像是日本人認為「我應該會懂」的自戀狂、一些束縛，這樣才能說是原本面試的樣貌吧。

而接受面試者，因為考試的分數或專業的面試官評判而被刷掉的話，或許會讓人覺得「那就成為重考生再加油吧」，但是面試中被完全感受不到任何專業性的教授給刷下來，根本無法排解這種鬱悶的心情。對於努力的學習、提高學科能力，卻在面試落榜的當事人來說，那種心情真的超乎想像。

沒有接受過面試訓練的教授，在短時間內去判斷「這個人適合、不適合當醫生」，在我眼裡看來真是傲慢至極了。

我認為，比起「我很了解對方的事情」擁有某種程度自戀狂的人，至少會說「產生同感好困難」、「對方的事情好難懂」等等的人，大多還比較值得信賴。

一不小心就隨意對人下定論的危險

所謂「站在對方的立場」，如同文字所述，站在對方的立場去想像、考量事物。我曾經說過，這並不是像這樣「我了解、知道對方的心情」，而擅自去妄想。

但是就算不是剛才所述的醫學院教授們，我們都有可能不小心，而「擅自認為自己懂對方」。在這裡，我們來談談這個危險性。

你認為「年紀增長後，不想要活到癱在床上」的人，到底有多少呢？「我也是不想要活到給人帶來麻煩，而且大部分的人，應該也會這樣想吧」，或許很多人都是這麼想。

「實在不想要活到癱在床上啊」，在朋友間曾經這樣說過的，我覺得似乎也不少吧。

但是，現在「身體健康、四肢健全的你」就算這麼想，假設你真的變成癱在床上的狀態時，那會怎麼樣呢？

突然癱瘓在床上時，「啊～我癱在床上了。好想趕快死掉」，你仍然會這樣祈禱嗎？這應該是沒有實際變成這樣的狀況，就無法知道的事情。

我至今以老人精神分析師，在醫院看了許多老年人。

從這個經驗來說，假設就算癱在床上，「想要活下去」的人，感覺上其實壓倒性地多。我只要幫癱在床上的老爺爺或老婆婆打點滴或打針，大家都是笑臉對著我說：「醫生，謝謝你」。堅持「拜託，不要再管我了」這種態度的人，幾乎沒看過。

這是為什麼呢？如果癱在床上是因為年紀大了，那理由就很簡單。雖然會有例外，不過多半是因為「並不是某一天突然就癱在床上了」。人們變老之後，無論是誰下盤都會愈來愈衰弱。這時候雖然不想使用拐杖，但是因為很危險，還是得使用。之後漸漸地連使用枴杖也走不動了，雖然真的很討厭，但還是得坐上輪椅。

像這樣慢慢一個個階段，人們掌握了自己的狀況，逐漸地去認同接受了它。因為很多都是像這樣經過一些階段變成癱在床上，雖然變成了這個樣子，也不會馬上就說「我好絕望，好想死！」吧。

自己的雙親癱在床上時，你並不會這樣說吧？「啊~都癱在床上了，已經不需要幫這個人打點滴或打針了！」

當然，也有那種某天突然遭遇事故，因此癱在床上的案例。但是，如果對方是年輕人，你會這樣跟對方說「你因為不會動了，已經不想活下去了吧？」應該不會真的這樣說吧。

但是，令人難過的是，如果是面對超過八十歲的高齡者，會說「這根本是浪費醫療資源，沒必要處理了」的人，還是存在著一定的比例。在相模原的身障者設施中造成令人難以置信的事件也是，那位愚蠢的犯人說著類似的話之後，便去進行兇殘的行為。

這樣就是沒有站在別人立場去想的人，這是對高齡者及身障者的歧視。

人類基本上，實際內心是「想要活下去」的生物。與自己不同的環境及立場的人，我們應該注意，不能隨意地替他們的事情下決定。

學校成績中「意願、態度」評分欄的問題點

像這樣，在世上因為「無法產生同感」的人們，所引起不通情理、或是造成損失的狀況，已經不算少數。

對我來說，看過本書而知道寇哈特之後，希望各位讀者能夠知道，「人與其他人無法產生同感，會導致不通情理、損失」的狀況存在；期望各位至少不要讓自己陷入這個迴圈裡。

例如，前述的面試的例子中，身為教育者，竟然沒有「人會因為訓練而有所改變」的想法，而擺著只想去挑選已成形者的姿態。接著，身為教育者，對於認真用功但卻不太擅長說話的學生，無論如何就是會被刷掉，被押上「你不能成為醫生」的烙印時，卻無法想像那種絕望感。關於這些問題，我們先前已經闡述過。

同為杏壇的例子，九〇年代初期所施行的學習評分制度中，有一項「各種觀點評分」。這個評分系統是就算筆試拿到滿分，只要「意願、態度」被評的分數愈低，內申分數（類似操行成績）就會下降。

這個評分系統，老師們應該會覺得自己很公平地在評分吧。

那麼，從學生方面來看如何呢？

總之就只是「從老師的角度去看的意願、態度」去做的評價，對老師來說是很輕鬆，對學生來說還真辛苦啊（如果是認真的老師，倒是例外）。

就算是老師與學生之間也會有所謂的契合度，只要有完全沒有經歷任何辛勞，就拿到好成績的學生；就會有呈現原本的樣貌，也拿不到好評價的學生存在。在這樣的狀態下，要時常去意識到，日常生活完全無意間的言行都會成為評分對象，應該也會有學生感覺好像一直被監視吧。

「對於採取這種各種觀點評價的制度，學生們會有怎樣的心情，對這結果大家會有怎麼樣的行動呢」，制定教育政策的人們到底是否有在認真思考此事，我覺得只是滿臉疑問而已。實際上導入這個制度後，以中學為主，無論是校內暴力事件、不上學的案例，就突然增加了不少。

別去批評不認識的對象

「你可以產生同感嗎？」若以此觀點去思考，平常認為是理所當然的事情，應該不少也會覺得：「這句話是不是很過分啊？」

在這裡舉一個，與社會救濟相關的問題來做案例。

在電視等媒體上無所謂地播放著，「領什麼社會救濟，不就是沒工作就領錢嗎？」「怎麼又有不正當申請的傢伙啊！」「稅金小偷啦！」等等，可以說是攻擊社會救濟的意見。

但是就算是說著這些意見的本人，或者是聽到這些話的人，到底有多少人曾經試著去調查過，接受社會救濟的每個人的實際情況呢？

領取社會救濟者，有許多都是高齡人口、憂鬱症等患者，到底有多少人知道，這些並非是不當的申請者呢？

接著當你知道這些事情後，看到電視的報導，會怎麼想呢？

如果只是偶然聽到電視上說著這些話的聲音，那領取社會救濟的憂鬱症患者，或者是仍然想要工作，卻完全無法工作的老年人，就會開始鑽牛角尖地想著：「啊～我真的是糟糕的人啊。是不被容許的存在啊」、「看來我不應該再活下去」等等。這些都會造成他們不必要的傷害，最糟糕的狀況還有可能會自殺，實際上這些案例都有可能發生。

或許你會感到衝擊，但事實上，這些事情都正在發生。

根本都沒想像過這些實際狀況，就在電視上一竿子打翻一船所有領社會救濟者，無所謂地說出「領社會救濟的人＝惡質」這種攻擊意見的人，完全沒有意識到，自己所說的話將可能會殺人。

自己都明明無法保證，一輩子絕對不會領社會救濟而安養天年，看到這些好像是雙親的仇家還是誰似的，去責難領取者的人，在我眼裡看來，好像在說「我是個完全無法站在他人立場去想的人」。

無法產生同感力的教育工作者或名人、電視的解說員等等，這些人物在社會上處於所謂強者的立場，其實非常麻煩。對於屬於弱者，遭遇被害的一方時，要他們去反抗，或者提出意見，是很困難的。在這種社會中，假使不去想像對方的狀況，不去與對方產生同感的人增加的話，到底會成為什麼樣的世界呢？

當每個人都去意識到「試著想想對方的立場」這件事，保持著自己不會跟這些無同感的人同流合汙的姿態，應該沒有其他避免自己與這些人成為共犯的方法了。

阿德勒熱潮的另一面

看到現在阿德勒的自我啟發理論引起極大的熱潮，我覺得日本人當中現在正流行「強者的理論」。

寇哈特認為，人們是依賴性的生物，心理上的依賴沒有被滿足的話，精神就會不安定，只要被滿足了就會感到幸福。接著，他還認為只要與對方產生同感，互相滿足心理上的需求，這種「互相依賴」的關係，才是在人際關係中最理想的目標。

總結來說，他的理論認為：比起一個人想要獨立生存，建立起可以互相依賴的人際關係而活著還比較有效率喔！

被認為接近寇哈特思維的日本精神分析醫師，也就是前述的土居健郎醫師。在其著作《「撒嬌」的構造》中確實提到，「『撒嬌』為理解日本人的重要詞彙，人類本身如果沒有去向他人撒嬌的經驗，就無法成為成熟的人類」。寇哈特也同樣述說著，正常型態下「互相依賴」的重要性。

而這本《「撒嬌」的構造》，為過去「確切地寫下日本人、日本文化的名著」，成為了國民暢銷書。這是一九七〇年代的事情。

相反地，現在這個時代，例如這些一竿子打翻領取社會救濟者，說著「不工作就拿錢，真的有夠丟臉」的人，吹起攻擊他人的風潮，反過來說在某種意義上，就是擁有「人類是更強大的存在」的想法吧。相信人類原本是強大的存在……這也是其中的一個思想。

阿德勒會流行的背景，應該是因為有這種想法的人存在吧。當然，阿德勒的理論並非是在批評社會救濟這種制度，也不是說喜歡阿德勒的人會反對弱者救濟這件事情。

然而，阿德勒的夫人是屬於社會主義者，對於弱者的態度據說是非常溫暖的。但是所謂社會主義或共產主義，是一種對別人很和善（或是會撒嬌）的思維，而且本質上，「無論你有沒有工作，雖然收入是相同的，但是你也應該要工作」，包含著這種嚴格的涵義……關於這些，我再寫在別的地方吧。

在日本阿德勒之所以會流行，這是因為不知不覺間，在同調壓力愈來愈強（尤其看到八卦談話節目時就更明顯了）的社會，大家會喜歡「被討厭的勇氣」這種標題。我認為這本書會持續熱賣，果然還是因為內容很適合日本人的關係吧？

只要去改變自己的想法跟目的，就能做出自我的大改革，應該也可以達成想做的事情，這種思維是非常優秀的自我啟發；但反過來說，無法順利進行的原因，則是因為自己的事情得自己解決，屬於這種自我責任論（阿德勒本身，也是個對自己很嚴格，對他人很和善的人，人們也因此奉為圭臬，但後者的論點卻常常被忽略）。

在日本，對有用列寧為了批評不工作卻過著好生活的階層所說的這句「不工作就沒飯吃」，拿來推動勤勞，或是攻擊領取社會救濟者，需要自我負責的思維存在。與歐洲相比，日本的社會救濟費用對GDP比，大概才他們的數分之一，但還是會有聲音說日本社會救濟太多，那是因為他們沒有沒工作就不需要勞動掙口飯吃的這種思維。

如同自殺也是自我責任（小孩子的自殺又是另當別論）的議論，大家認為就算是成了依賴症狀，應該也可以用意志力去治好他，所以對於毒品依賴的藝人，如果再犯的話就會以意志太脆弱被痛擊；然而賭博跟酒精依賴者，其實也是自己的問題，但卻沒有普及去接受治療的想法。

當這樣的國家煩惱著不景氣時，只要經濟方面成功的美國鼓吹著自我責任的思維，認為果然是自己不好的思維也是合理的。接著，大家認為必須好好地觀摩如同該國自我啟發始祖的阿德勒其思維，也可說是理所當然的演變。

全世界都傾向於「強者的思考」嗎？

提出阿德勒流派「自我責任」的強硬價值觀，以及提出寇哈特「互相依賴」替對方著想的價值觀。到底哪一種比較有魅力，當然是看各位的想法了。

但是，我認為現在這個時代，似乎太偏向有些強硬，而且認為強而有力就是一切的風向，稍微有點危險。

方才所舉的美國總統大選的例子中，最後成為總統的川普，有說到「會給大家工作的機會」，但是如果換個方式說，以日本思考模式去解釋的話，也可以解讀成「沒工作就沒得吃」的意思。

包含停止了為拯救弱者而出現的「歐巴馬健保」這種社會保險制度，總之川普的想法，就是可以統整成「無論是國家或是國民，都可以堅強、更強大」（雖然關於社會保障制度的歐巴馬健保，歐巴馬陣營內也是有反對派存在，這就是可以讓人充分理解美國「自我責任」思維的現象）。

選舉中提到「美國是強大的國家」這種訊息，或許擄獲了有權者的心，其實那也是對於個人要求堅強的意思，到底會有多少的美國人注意到這件事情呢？他的政策迅速地開始實行變更，對我來說，完全不認為那是站在弱者立場的政策。

話說回來，以總統的立場看來，與自己相反的反對勢力，可以持續地無視它、或者乾脆革職的行為，對於比自己還弱勢的立場來說，其實是完全不公平的。

那麼貧困階級或是被視為弱勢的人們，為什麼會投票給川普呢？我並非是政治的專家，也不是美國的專家，只能以曾經住過美國的精神分析師的身分，提出這些看法。

從現在算起將近三十年前，我還在美國留學時，常常有這種感覺，美國人總是強烈地信奉著所謂的美國夢。因此，在當時也曾經激烈的散布著這樣的言論：「如果增加有錢人的稅金，你們就無法變成比爾蓋茲喔！這樣你們的美國夢消滅了也沒關係嗎!?」而貧困階級者也會附和「那還真是困擾啊」，於是有錢人的減稅就一步步地在進行。現在貧富差距變大，這種心理或許就又更強烈了。

接著，為了創造共通的敵人繼而建構雙方的連結，就試著推廣給大眾：「那個美國夢，被奇怪的傢伙（移民）給奪走也沒關係嗎？這樣一點都不好吧！總之就不要讓移民進到美國吧！」

這樣就好像讓苦於困苦生活中的人們，請他們買了彩券後發一時的大夢似的。這樣下來，貧富差距就會更加擴張，數年後會了解到「這跟當初想的完全不同！」而貧困階級者的失望感應該也會加劇吧。但是現在，因為這是以往的政權中沒做過的事情，所以看起來就很像拯救貧困階級的救世主吧。

現在的社會適合寇哈特的理論

戰後日本所實行的農業政策中，有個叫做減反政策。這是為了對米做生產調整，也就是「如果你不耕作的話，我可以付錢給你」的政策。另外，在土地上種植米以外的東西，也是ＯＫ的。

對於農家來說，他們想要種米來賺錢。但是，米卻生產過剩了，因此希望你不要再生產。國家會以「忍耐費用」，來支付金錢。

這個忍耐費用，在二〇一八年終於要被廢止了，但是明明這個政策可以被允許，為什麼要攻擊社會救濟呢，對我來說真的是滿滿的疑問。

這是因為，前者的狀況，是付錢給保存有意願以及能力的人；相對地，接受社會救濟者，有九成以上的都是想工作，卻「無法工作」的人。根本來說，不覺得付錢給後者的人們，會比較妥當嗎？

寇哈特的思維，是「對於脆弱的人們，應該要好好地以福祉制度去幫助他們」。他提倡，應該要實踐「同情我的話，就給我錢」這件事情。

而阿德勒，雖然表示必須要讓勞動環境變好，但他的思維是屬於「有目的的話，就一定能動」、「再提高生產性吧」。然而，這就不符合現在的「生產過剩、消費不足」的普世狀況。

請回想起剛才所說的減反政策。都已經到達「拜託，請不要再種了」的這個地步，再多種的話，就會與世間的需求相反了。

這並不是只有米才有的現象。現在，其實有各種消費不足的狀況正在發生。明明是生產過剩的狀態，不只是催促提升生產性，還因為貧富差距加大讓人們想要再繼續提高生產性的意願。該消費的金錢不提供給員工的公司，我們稱作黑心企業，但是現在日本整體，看起來根本就像一間黑心企業。

在這個生產與消費差距如此大的社會，甚至會覺得「明明沒在工作，卻能拿到很多錢」這件事情，反而還會剛剛好。

像這樣現在還是很相信生產性信仰的日本，在我看來，這也是阿德勒的思維應該還會再流行一陣子的原因吧。

但是，其實日本人祖先，原本多數都是農民，是個農耕民族。

江戶時代長屋中的生活也好，村落的農家也好，以「有困擾時就互相幫忙」的精神，去度過各種困難的日本人，其實是最適合寇哈特理論的資質。

不禁會對弱者同情，去替他加油打氣的「判官贔屓」這種情節，其實也是屬於寇哈特流派的思維。

對於寇哈特流派的生存方式：「大家互相協助生活下去吧」、「脆弱的人總之我們就幫個忙，可以讓你們撒嬌喔」，我認為日本原本就屬於這種民族特質。

相對地，阿德勒的理論，是屬於美國式的存在。其實上，他離開德國後，以在美國的演講為契機，才一舉捲起大熱潮。連那位戴爾·卡內基也受到了影響，將他的理論發揚光大。

日本之所以會對阿德勒著迷，或許跟現在依然還是追著美國的背景奔跑的民族性也有關係。

寇哈特的理論對成長志向也很有效

寇哈特一開始提倡的「自戀理論」中，有提到「千萬不可以去擊潰對方的面子，而要去取悅對方」。接著，在「自體心理學」中認為「互相幫助是很重要的」，闡述互相依賴理論。

另外，美國式那種不需要依賴他人，以「追上去，超越」的競爭為前提，去追求堅強的精神，寇哈特的理論與其幾乎可說是對立的狀態。

在日本就算對方很脆弱時，也會有想要顧及對方面子的文化；到江戶時代為止的日本，無論是長屋或是農家雖然貧困，仍會互相幫忙的「互相依賴」的文化，真可說是寇哈特理想中的社會。

明治時代之後的日本，開始流行「追上去，超越」的精神，這要說是連現在的阿德勒熱潮都被影響也不為過。

如同生物不得不依賴氧氣一樣，人類必須要依賴他人才能生存的這件事情，寇哈特的心理學都是以這些為前提。

果然，如果光以表面的特徵去判斷的話，或許哪個部分就會被認為是為了愛撒嬌的人的理論呢。

然而，在美國式的競爭社會中生存，擁有著硬派思想的人們，其實內心比誰都還容易脆弱、受傷，這又是另外一個事實。

如同至今我們解說的內容，不會重視與對方產生同感，大多數的人不具有同感力（實際上，在美國就算看到口渴的人，如果那個人沒有說「請給我一杯水」之前，對方也會無動於衷。但是，就算是那樣的國度，如果此時端出水，對方會很高興，會被人們喜歡這件事情，也是個事實），這樣就無法順利地構築人際關係。

過度認為堅強是好的，在自我責任的思維很強烈的社會中，如果一切順利的話就還好；如果不是很順利的話，就不能依賴他人，而變成去責備自己。

在寇哈特流派的思維中，無法與周遭產生同感的人（競爭社會尤其很容易變成這種狀況），因為在自戀方面很容易受傷，如果是被周遭奉承的話還好，如果不會被奉承的話，這個人在精神方面可能會變得非常的不安定。由於很容易受傷，周遭就不容易幫助他再站起來，所以在逆境中就會特別脆弱。

在日本，容易陷入夾心三明治心理狀態的中間管理階層自殺者較多；在美國，則是經營高層自殺者較多，從古至今就被視為是個問題。

然而，美國卻有著日本無法比擬的精神科就診率，心靈明明較為脆弱卻不去看醫生，就會被認為是自我的責任，這部分算是形成了社會救濟的安全網。

相反地，競爭社會中被稱為「勝利組」的人們，試著看看可說是代表性人物的企業老闆，無論是美國或日本，能夠在後世留名的，在寇哈特認為很重要的人際關係上，他們應該都處理得很好。

高層如果是不相信人們、與人之間產生同感的能力較低的人，那個組織就不能說是強大的組織，隨時都有可能會破滅吧。

擁有上進心、邁向發展的目標，當然是很好的事情，但我還是希望各位，能把寇哈特的理論看作是有用的這件事情放在心上。

寇哈特為什麼在執行製作人中很受歡迎呢？

本書中，我介紹的「世界最和善的」寇哈特，實際上在美國的精神分析臨床上，尤其是說著：「花多少錢都無所謂，總之請幫我治療吧」這種執行製作人之中，獲得了壓倒性的支持率。

這是因為寇哈特的理論，會讓他們覺得「怎麼會有這麼替人著想，如此貼近人心的理論呢？」

對於這個現象，我認為這是在最前線活耀的生意人，他們比誰都還疲勞、抱著無法對他人述說的孤獨的證據。

人們擁有金錢後，無論如何就開始會有多數以金錢為目的者靠近。當然，「我是不是只因為金錢，才是有魅力的存在啊」、「是不是並沒有真正能夠愛自己的人呢」

等等，會有各種不安產生。

世間愈被稱為成功者的人物，其陰暗面就愈深，這是現實中會存在的現象。

某位有名的日本經營者，我在搭新幹線的商務列車中發現了他，沒想到他居然請了四個保鑣護衛，讓我非常驚訝。明明在這個治安這麼好的國家，還會這麼害怕人們。

他擁有自己創建的大企業中大半的股票，是位非常有錢的人，然而看到他的臉、聽見他的言行，我只能認為他完完整整是個「不相信人們的物體」。那樣的話，內心幾乎都沒有什麼可以休息的時間吧，讓我不禁默默地同情他。

另外，在美國也是很顯著的現象，最近就算是夫婦，也已經不是可以互相透漏真心話的時代了。

丈夫對於工作或者人際關係疲累，想要在家裡尋求安心，所以請求也在外面工作的太太說：「妳可不可以一段時間待在家裡陪我呢？」這時候，如果能這樣想「好啊，如果這樣，我就辭掉工作去支持你吧」的太太還好，在美國一大半的女性會認為「為什麼我必須要辭掉工作呢？你是認為女人應該待在家嗎？」把丈夫的話認為是輕視女性發言的狀況很多。就算丈夫是多麼成功的人，也無法要求妻子成為家庭主婦。

假設就這樣進展到離婚協議，只要丈夫說了「有輕視女性的發言」之類的證詞，全部財產的一半就會被拿走。這樣一來，丈夫在家庭中，也無法說出喪氣的話。接著，也沒有可以商量這件事情的友人。如上的例子，就會變成被責難的社會。

最近日本也出現一些相同的案例。

另外這個案例，並不是我認為女性應該待在家的內容。這是在美國實際上很常發生的事情，我認為有問題的是「夫婦之間無法透露真心話。沒有可以依賴、可以支持自己的朋友。多數的人抱著孤獨而活著」，這是現今時代的現象。

所以，我常常感覺現在才是「要好好重視自己」、「相同地也要重視對方」，提出寇哈特流派思維的時代。在美國，這些疲累的執行製作人們，願意花錢去看寇哈特流派的心理諮商，而無法這麼做的日本，則是因為現實中已經成為人們能夠互相產生同感的社會。

只要你了解寇哈特，世界就會改變!?

現在，在新聞和網路上，「帶著嬰兒車搭上通勤時間的電車，到底是對還是不對」、「年輕人不肯參加聚會這件事情，到底是怎麼一回事」等等，各種議論每天都在上演。

我認為，像這種世間的意見明顯分為兩派的問題，如果了解寇哈特的人增加了，應該馬上就可以解決了吧？

世間無論是好是壞，大量存在著無法判斷黑白的問題或課題。而且，說是幾乎沒有正確答案的問題也不為過吧。

這時候，如果有誰說：「一定是我的意見才對啊」、「我們的意見才是正義」等等，連一步都不肯退讓的話，會變成怎樣的狀況呢？這樣一定不可能解決問題的吧。

假設如果是有權力、聲音比較大的人，試著提出宣言：「這樣才是正確答案！」

則這種強而有力的行動，就會激起反對派人士的不滿，一定隨時都有可能因為相同問題再次引爆。

這個時候，就是寇哈特理論派上用場了。

以你為首，如果有很多人了解了寇哈特理論，首先傾聽對方的意見，想想為什麼對方會有這個主張，就會站在對方的立場去思考了吧。

然而，雖然自己的意見不是那樣，而與對方相異時，試著去想像對方的心情，如果能夠覺得對方的意見你也無法了解時，這時你對於對方的態度就會轉變。如果對方也知道寇哈特的理論，那麼對方對自己的態度也會改變。

就算不了解對方，也沒有關係。然而想要理解對方的姿態，就會讓人際關係帶來變化。

這個世界，是以人際關係形成的。你以前都不曾想去理解的人們，只要稍微站在他們的立場去想，這個世界就會有所改變，就是這麼一回事。

重點整理

最後的章節中，我們統整出以寇哈特的思維去眺望這個世界後，會發現到的事情。我們認為「覺得這個很好而做的事情」、「覺得這是當然的事情，完全沒有懷疑過」，這些事情是否真的有用、是否會在不知不覺間就刺傷別人，如果你能抱持這種危機感的話就太好了。

來學寇哈特的理念吧！

・對於明明不是面試專家的面試官，或者老師單方面去評分學生的「意願、態度」（各種觀點評分）等，這些被認為是理所當然的事情中，心中必須存在著「這樣是否真的好呢？」的疑問。

．像是高齡者或是接受社會救濟者，我們自己可能會對這些「現在還與我無關」的人進行批評。如果能夠想像自己到時候也變成這樣的狀況，這種歧視的思維就會減少。

．在這個強者理論為優勢的時代裡，了解寇哈特理論的人增加的話，很多問題就能解決。

各位閱讀到這邊，我想應該已經充分理解到寇哈特的思維，而且也可以應用在現實生活中了。寇哈特的理論非常容易貫徹實行，某種意義上也可說是平實無奇，有其簡單的地方。

然而，正因為沒有做到、有可能會遺忘這些看似理所當然的事情，現在因為莫名感到不安，或煩惱人際關係的人應該增加了吧。

要實踐寇哈特的理論，並不需要特別去看寇哈特的專業書籍。這本書，雖然是以我的方式去解釋，幾乎是用入門書的程度來做簡單的解說，也許不需要特別再去看專業的書。如果各位的周遭，有人抱持的煩惱可以從寇哈特的理論找到什麼暗示，請你一定要實踐寇哈特的理論，並且告訴對方關於寇哈特的事情。

後記
現在再次介紹寇哈特的理由

非常感謝你讀完了這本書。

第一次聽到寇哈特的朋友，如果很驚訝「居然有說這種話的精神分析師啊」，然後覺得「這應該很有用處」的話，對我來說，沒有比這個還高興的事情了。

最後，我代替寇哈特，有一些事情想拜託大家。

第一，首先請重視自己的心情。

第二，接著，當作跟自己的心情一樣，請重視別人的心情吧。

只要做到這些，人際關係就能改變。雖然這是很簡單的事情，但是偶爾還是會有欠缺某一個部分的時候。總是考量別人心情的人，如果疏遠了你自己本身的心情，那也只是做到了一半而已吧？

如果開始重視自己，也會開始重視對方。接著，為了要重視自己，「對方」的存在是不可欠缺的。因此，必須要去重視對方。寇哈特的理論，以網羅這個循環的構造來說，是非常優秀的。

看過本書後，寇哈特的思維或是對於人們的看法，如果能稍微成為各位讀者的參考，就沒有比這個再令人高興的事情。

我最初把寇哈特介紹到日本時，是在一九九九年出版，稍微接近專業書籍的《「自戀」的構造》，接著是一般書籍出版於二〇〇二年的《「自戀」及「依賴」的精神分析～寇哈特的心理學入門～》，一共出版了這兩本書。「想把日本知名度很低的寇哈特，介紹給大家知道」，當時雖然是抱持這個想法而寫的書，但距今已過了十五年，世間逐漸偏向於強者的理論，感覺煩惱人際關係的人增加了。

因此，我想要重新讓大家認識寇哈特的心情又日益強烈，因此出版了這本書。

另外，這本書會讓大家認識寇哈特這號人物、更貼近地去感受，最重要的還是以「對你的人生有用處」為目的而寫。因此，寇哈特所提倡的專業理論，我就只限於最底限的說明，將寇哈特的思維，以融入日常生活中的建議來做介紹。

如果看過這本書，有人對於寇哈特的理論保持著興趣，也歡迎再購買《「自戀」及「依賴」的精神分析～寇哈特的心理學入門～》（ＰＨＰ新書），或是《寇哈特心理學入門》（青春新書）等書籍。

希望可以讓各位的人生，能夠藉由與寇哈特的相遇，更加地豐富。

寫於結尾，對於辛勞進行本書編輯，ＰＨＰ研究所的大村麻里小姐，以及國實麻彌子小姐，藉由這裡向兩位致以最深的謝意。

學會自戀，找回被愛的自己：放下「不允許依賴」的觀念，讓自己和他人都快樂的心理學 / 和田秀樹著；
momiuri 譯 . -- 初版 . -- 臺北市：時報文化 , 2018.03
面；　公分 . -- (人生顧問；301)
譯自：自信がなくても幸せになれる心理学
ISBN 978-957-13-7333-1 (平裝)

1. 精神分析 2. 自戀

175.7　　107002093

ISBN 978-957-13-7333-1
Printed in Taiwan

人生顧問 301

學會自戀，找回被愛的自己

放下「不允許依賴」的觀念，讓自己和他人都快樂的心理學

自信がなくても幸せになれる心理学

作者　和田秀樹｜譯者 momiuri｜主編　陳怡慈｜責任編輯　龍穎慧｜執行企畫　林進韋｜美術設計 HongDa｜內文設計　黃鈺茹｜內文排版　薛美惠｜發行人　趙政岷｜出版者　時報文化出版企業股份有限公司　10803 臺北市和平西路三段 240 號 4 樓 發行專線——(02)2306-6842 讀者服務專線——0800-231-705・(02)2304-7103 讀者服務傳真——(02)2304-6858　郵撥——19344724 時報文化出版公司　信箱——台北郵政 79-99 信箱　時報悅讀網——www.readingtimes.com.tw｜電子郵件信箱——ctliving@readingtimes.com.tw｜人文科學線臉書——http://www.facebook.com/jinbunkagaku｜法律顧問　理律法律事務所　陳長文律師、李念祖律師｜印刷　盈昌印刷有限公司｜初版一刷　2018 年 3 月｜定價　新台幣 280 元｜版權所有　翻印必究（缺頁或破損的書，請寄回更換）

時報文化出版公司成立於一九七五年，並於一九九九年股票上櫃公開發行，於二〇〇八年脫離中時集團非屬旺中，以「尊重智慧與創意的文化事業」為信念。